DISCLAIMER

The author and publisher are providing this book and its contents on an "as is" basis and make no representations or warranties of any kind with respect to this book or its contents. The author and publisher disclaim all such representations and warranties, including but not limited to warranties of merchantability. In addition, the author and publisher do not represent or warrant that the information accessible via this book is accurate, complete, or current.

Except as specifically stated in this book, neither the author nor publisher, nor any authors, contributors, or other representatives will be liable for damages arising out of or in connection with the use of this book. This is a comprehensive limitation of liability that applies to all damages of any kind, including (without limitation) compensatory; direct, indirect, or consequential damages; loss of data, income, or profit; loss of or damage to property; and claims of third parties.

This Book Comes With Free Bonus Puzzles
Available Here:

BestActivityBooks.com/WSBONUS20

5 TIPS TO START!

1) HOW TO SOLVE

The Puzzles are in a Classic Format:

- Words are hidden without breaks (no spaces, dashes, ...)
- Orientation: Forward & Backward, Up & Down or in Diagonal (can be in both directions)
- Words can overlap or cross each other

2) ACTIVE LEARNING

To encourage learning actively, a space is provided next to each word to write down the translation. The **DICTIONARY** allows you to verify and expand your knowledge. You can look up and write down each translation, find the words in the Puzzle then add them to your vocabulary!

3) TAG YOUR WORDS

Have you tried using a tag system? For example, you could mark the words which have been difficult to find with a cross, the ones you loved with a star, new words with a triangle, rare words with a diamond and so on...

4) ORGANIZE YOUR LEARNING

We also offer a convenient **NOTEBOOK** at the end of this edition. Whether on vacation, travelling or at home, you can easily organize your new knowledge without needing a second notebook!

5) FINISHED?

Go to the bonus section: **MONSTER CHALLENGE** to find a free game offered at the end of this edition!

Want more fun and learning activities? It's **Fast and Simple!**
An entire Game Book Collection just **one click away!**

Find your next challenge at:

BestActivityBooks.com/MyNextWordSearch

Ready, Set... Go!

Did you know there are around 7,000 different languages in the world? Words are precious.

We love languages and have been working hard to make the highest quality books for you. Our ingredients?

A selection of indispensable learning themes, three big slices of fun, then we add a spoonful of difficult words and a pinch of rare ones. We serve them up with care and a maximum of delight so you can solve the best word games and have fun learning!

Your feedback is essential. You can be an active participant in the success of this book by leaving us a review. Tell us what you liked most in this edition!

Here is a short link which will take you to your order page.

BestBooksActivity.com/Review50

Thanks for your help and enjoy the Game!

Linguas Classics Team

1 - Antiques

ל	ח	ל	נ	ד	ג	ע	צ	ב	כ	ב	נ	פ	ח	מ
ע	ף	ס	ן	ר	א	ע	ר	ט	ו	ה	י	ר	א	ס
פ	ש	ף	ש	א	ח	ד	פ	ב	ן	ס	ם	ה	צ	ס
ט	א	ד	פ	ת	כ	ש	י	ט	י	ם	ה	ם	ה	ם
ן	מ	כ	י	ר	ה	פ	ו	מ	ב	י	ת	ס	ג	ר
ה	י	ר	ל	ג	י	מ	ן	ר	י	ר	ו	ר	ם	ט
ע	ע	ט	ל	ס	ה	ה	פ	ב	ט	ו	כ	ם	ל	ס
ל	מ	כ	ו	ר	ש	ש	ו	ף	ר	ש	י	נ	ג	ת
ם	ע	ל	ה	ג	ג	ק	ד	ל	ו	ע	א	נ	פ	ם
י	ט	נ	ג	ל	א	ע	א	א	ק	ח	ו	א	צ	ג
ל	ת	ו	נ	מ	א	ה	צ	ו	ד	ן	ר	י	ח	מ
ת	ג	ל	מ	ט	ב	ע	ו	ת	ף	ש	ו	ף	ה	כ
צ	ר	ח	ש	ד	ח	ח	י	נ	נ	י	ז	כ	נ	ג
נ	ס	ח	ג	נ	א	א	ן	ט	נ	ם	ח	ת	א	נ
ד	ה	נ	ט	ב	פ	ל	ע	י	ר	ח	ש	נ	נ	נ

השקעה
תכשיטים
ישן
מחיר
איכות
שחזור
פיסול
סגנון
למכור
יוצא דופן

אמנות
מכירה פומבית
אותנטי
מאה
מטבעות
עשורים
דקורטיבי
אלגנטי
ריהוט
גלריה

2 - Food #1

א	נ	א	ד	צ	ס	ט	ח	נ	ה	ם	ע	ע	ח	ג
צ	ת	ש	ל	ת	ת	ל	ר	צ	פ	ע	ש	צ	ג	נ
ט	ה	ל	ן	ף	כ	צ	ט	ב	כ	ש	ש	ט	ג	ח
ל	ב	מ	ג	ר	ט	ב	ר	כ	ח	ת	ל	ת	ן	ל
כ	מ	ש	מ	ש	ת	ע	ב	א	ג	ס	פ	ח	מ	ב
מ	ל	ח	ר	ב	ף	ר	כ	ה	א	פ	ת	ד	ר	ל
ל	ר	ר	ד	ף	ר	צ	ד	ע	א	ש	ן	ן	ה	ט
ק	י	נ	מ	ו	ן	כ	ט	ח	ח	מ	ר	ס	ד	נ
ס	ן	ש	ק	ג	ט	ג	מ	ם	ט	צ	ם	ו	ש	ן
ש	ע	ו	ר	ה	ו	א	מ	ן	ף	ם	נ	כ	ת	ל
ג	ש	ת	מ	ה	ב	ח	פ	כ	פ	כ	ח	ר	ו	ל
ב	ם	ן	ח	י	ר	ן	צ	ט	מ	ל	מ	כ	ת	ע
ע	ר	ג	ד	ף	ל	ג	מ	י	ץ	ף	ה	ף	ן	ל
ט	ו	נ	ה	מ	ח	ג	ע	ע	ף	ג	ז	ר	ש	ס
ע	נ	צ	ד	ד	נ	ל	ף	ח	ה	ד	ס	א	ן	פ

משמש
שעורה
ריחן
גזר
קינמון
שום
מיץ
לימון
חלב
בצל

בוטן
אגס
סלט
מלח
מרק
תרד
תות שדה
סוכר
טונה
לפת

3 - Measurements

ג	ר	ם	מ	א	ט	נ	פ	ח	ס	ע	ן	א	צ	ן
ל	ץ	ת	ל	ד	ט	ט	פ	ג	ר	ש	ם	ו	פ	ר
ע	נ	ן	ם	ן	ם	ה	צ	מ	ה	ר	ט	נ	ת	מ
ק	י	ל	ו	ג	ר	ם	ל	נ	ת	ו	ל	ק	ג	ש
ם	א	ק	ל	ט	ט	ט	מ	ס	ה	נ	כ	י	צ	ף
ד	ה	ש	ת	ע	מ	פ	י	ח	ש	י	ס	י	ח	כ
ם	צ	מ	ט	ת	ו	ד	ם	ל	מ	ט	ר	ת	ה	ס
כ	א	ב	ב	ב	ל	ף	נ	ש	ם	ם	ט	י	ן	ם
ד	ד	כ	ל	ת	י	ג	ד	ג	ט	ד	מ	ב	ט	ב
כ	ן	א	ה	א	ק	א	ב	ט	ס	ג	י	נ	ף	ה
ג	ע	ח	א	מ	ט	ו	ת	א	ף	ס	ט	ע	ת	ף
ב	ו	ת	ר	ם	ף	ר	ו	ד	ק	ה	נ	ו	מ	ת
ע	ל	ב	ח	ו	ר	ך	א	ב	ח	פ	ס	מ	ה	מ
ד	צ	מ	ה	ן	ב	ס	ר	ר	ג	ד	ע	ק	ע	ד
ס	ר	ד	ג	ש	ב	ט	כ	ט	ג	ל	ם	ב	ש	ם

אורך
ליטר
מסה
מטר
דקה
אונקיית
טון
נפח
משקל
רוחב

בית
סנטימטר
עשרוני
תואר
עומק
גרם
גובה
אינץ
קילוגרם
קילומטר

4 - Farm #2

מ	צ	ט	ל	ג	ד	ו	ל	ל	ת	ח	א	ל	ט	ת
א	צ	ר	ב	מ	מ	ס	ת	כ	י	י		ב	א	פ
כ	מ	ק	ף	ר	ף	א	ע	כ	ר	ט	כ	ס	ע	ט
כ	כ	ט	נ	ם	ו	ח	א	ו	ס	ה	ר	פ	צ	כ
ח	ה	ו	ח	פ	ס	ו	מ	ו	ת	נ	ש	ן	פ	ב
ס	י	ר	א	ף	ה	ב	ז	ר	א	י	ע	ח	ש	ש
ט	ק	ו	ם	ס	פ	ף	א	ת	ע	ר	ו	א	ם	י
ח	ש	ס	ת	ח	ל	ב	ת	ב	פ	ק	ר	ג	ס	ם
נ	ה	ג	ו	ם	ת	ת	מ	ה	נ	ל	ה	מ	א	ל
ת	ש	ן	ר	נ	ן	ן	ת	מ	ז	ו	ן	ט	ע	כ
ר	א	ח	י	ף	ח	ל	ב	צ	ר	ח	פ	ה	ל	ש
ו	ש	פ	פ	פ	נ	מ	א	ן	מ	נ	ט	ת	כ	ה
ח	מ	ד	ף	ף	ש	ג	נ	נ	ף	ב	ה	כ	ב	ה
ת	ה	צ	צ	ד	ת	פ	ח	ד	ד	ם	פ	כ	נ	ה
צ	נ	ח	א	כ	ה	ש	ב	ס	ן	ג	ט	ל	ש	ח

טלה
לאמה
אחו
חלב
כבשים
לגדול
טרקטור
ירק
חיטה
טחנת רוח

חיות
שעורה
אסם
כוורת
תירס
ברווז
איכר
מזון
פירות
השקיה

5 - Books

ק	ר	י	י	ן	ד	נ	פ	ה	ג	ד	ש	ת	נ	ן
נ	ף	ל	ס	נ	ף	ש	ע	ו	ת	ן	א	י	ם	ד
ה	ה	מ	צ	א	ה	ה	ן	מ	ו	ר	פ	ת	ר	ל
מ	י	ה	ר	פ	ת	ק	ה	ו	ם	ן	י	ו	ש	ה
ר	ב	ס	ס	נ	צ	ן	א	ר	ו	ק	ב	ר	ק	ן
צ	ב	ע	ט	י	ג	ר	ט	י	ס	ת	ט	פ	ה	ת
ש	ף	ל	ש	ו	פ	ר	ה	ס	צ	ל	ט	ס	ד	ן
ח	ל	ת	ע	ט	ר	ו	ר	ט	נ	נ	א	כ	ם	ר
נ	ה	פ	ר	מ	נ	י	ר	י	כ	ף	מ	ם	ס	ה
ש	ע	ד	ג	כ	ס	ש	י	ר	ת	נ	ס	מ	ת	ם
ר	ל	ו	ו	נ	ט	י	ע	ב	ב	ע	צ	ש	ט	ת
ם	ח	ן	נ	כ	נ	ן	ם	ח	ש	פ	ת	ד	ת	ש
ד	ו	א	ל	י	ו	ת	ס	מ	ס	נ	ד	ע	כ	כ
ס	ר	ת	ש	א	ת	ש	ר	ב	כ	ח	כ	צ	כ	פ
ת	ל	א	ו	ס	ף	ע	צ	צ	ש	ס	ס	ע	ר	פ

הרפתקה
מחבר
אוסף
הקשר
דואליות
אפי
היסטורי
הומוריסטי
המצאה
ספרותית

קריין
רומן
דף
שיר
שירה
קורא
רלוונטי
סיפור
טרגי
נכתב

6 - Meditation

ק	ה	כ	ר	ת	ת	ו	ד	ה	ש	פ	ה	פ	ש	ג
ה	ב	ש	ס	פ	ש	מ	ע	ר	ת	ש	ר	ט	ג	ח
ג	ה	ל	כ	ד	ח	ו	מ	ש	י	ע	ג	ב	כ	ט
ה	ד	מ	ה	פ	ר	ז	ח	ו	ק	מ	ל	ע	ס	ר
ג	נ	כ	ם	ר	ר	י	ש	א	ה	ה	י	ר	ם	ם
ר	ה	ט	ד	ס	ח	ק	ב	ח	ן	ש	ם	ף	ל	ח
צ	כ	פ	ן	פ	נ	ה	ו	ן	א	ל	פ	ם	ף	ב
ן	ב	צ	ח	ק	ר	ה	ת	פ	ג	ו	ח	נ	ד	ס
נ	ס	נ	ח	ט	ל	ל	מ	ו	ד	ם	ם	ת	ת	נ
ס	פ	ה	א	י	ש	ד	ן	ס	ר	ח	פ	ד	פ	ף
ה	כ	ח	ט	ב	ס	ן	פ	ה	ג	ש	א	ר	ש	ר
ן	ש	ש	ט	ה	ע	ו	נ	ת	ש	ח	מ	ל	ה	ג
ב	ה	י	ר	ו	ת	ל	ד	ד	ו	נ	א	ע	ס	ו
ג	א	נ	ל	ח	כ	ה	ג	ל	ת	ב	ב	ס	ה	ע
ח	צ	צ	א	ת	צ	נ	ש	ע	צ	צ	ף	ל	ל	כ

קבלה	נפש
ער	מוח
רגוע	תנועה
בהירות	מוזיקה
חמלה	טבע
רגשות	שלום
הכרת תודה	פרספקטיבה
הרגלים	שתיקה
אושר	מחשבות
חסד	ללמוד

7 - Days and Months

ה	ת	א	ף	ף	נ	ח	ח	ג	ם	נ	ט	ר	מ	ה
ס	ב	א	ש	מ	ו	ה	ט	ע	י	נ	ש	ם	ו	י
ע	ף	ל	ף	י	ב	מ	ב	ן	נ	א	ת	ס	ט	ש
ן	ח	צ	מ	ו	מ	כ	ח	ט	ט	ג	ם	ם	ט	ש
ה	ח	צ	מ	ם	ב	ט	ן	ו	ש	א	ר	ם	ו	י
מ	ח	ו	ד	ש	ר	י	ו	ם	ח	מ	י	ש	י	ן
ט	ן	ל	ב	י	פ	נ	ל	ס	ד	ח	כ	ו	ר	ל
ס	ד	ו	ן	ש	ר	ף	כ	ר	מ	ג	ם	פ	ב	י
פ	ת	ח	ח	י	א	י	נ	ו	א	ר	ת	נ	ו	ר
ט	ע	ש	ט	ס	ו	ג	ו	א	ב	מ	ב	ם	ט	פ
מ	ד	נ	ע	ב	ר	כ	ם	י	ד	ע	ש	ד	ק	א
ב	מ	ה	ף	ש	ב	ו	ע	ד	ן	ל	ם	ה	ו	ד
ר	צ	נ	ן	מ	פ	י	ו	ל	י	ע	ו	ד	א	צ
ל	ע	ש	ר	ל	נ	ג	ה	ש	א	כ	י	מ	ן	ב
א	מ	ץ	ם	א	כ	ש	י	ש	ט	ף	ד	ג	ע	ע

אפריל
אוגוסט
לוח שנה
פברואר
יום שישי
ינואר
יולי
מרץ
יום שני
חודש

נובמבר
אוקטובר
יום שבת
ספטמבר
יום ראשון
יום חמישי
יום שלישי
יום רביעי
שבוע
שנה

8 - Energy

צ	ד	ל	כ	ך	ה	ח	מ	ב	ב	ת	ד	ג	ן	ב
ג	ל	צ	ל	ח	פ	פ	ת	נ	ר	ב	ר	ר	ש	ם
ר	ק	ת	ה	ך	ע	ג	ח	ך	ס	צ	מ	ע	ט	ם
ע	כ	א	ס	ח	ש	ן	ד	ר	ט	מ	ב	י	א	צ
צ	צ	נ	ע	ג	ב	ס	ש	ל	כ	ע	ו	נ	מ	ד
צ	ש	מ	מ	ך	נ	ו	ס	צ	ש	ס	ל	י	ל	פ
ה	ש	ד	ש	ה	ז	ל	ן	ג	ח	מ	ס	ל	נ	ך
ל	מ	כ	ם	צ	י	ל	כ	ע	ט	נ	ת	נ	ס	מ
ח	ד	י	ז	ל	ן	ה	ח	ם	ו	ה	י	ז	ן	ס
ט	ב	ל	ל	ט	פ	מ	ה	א	ר	ב	נ	ג	ם	ם
ש	צ	מ	ס	ג	ב	ח	י	א	ב	י	ר	ח	ב	נ
צ	ח	ש	ר	ב	פ	ש	מ	מ	י	ב	ו	ע	ו	ט
נ	ג	ח	ק	י	ט	ו	ר	ן	נ	ס	ח	ח	ר	ם
א	נ	ט	ר	ו	פ	י	ה	ן	ה	י	י	ש	ע	ת
פ	ו	ט	ו	ן	ו	ר	ט	ק	ל	א	ע	ד	ט	ה

מימן
תעשייה
מנוע
גרעיני
פוטון
זיהום
מתחדש
קיטור
טורבינה
רוח

סוללה
פחמן
דיזל
חשמלי
אלקטרון
אנטרופיה
סביבה
דלק
בנזין
חום

9 - Chess

ד	ת	מ	ג	ד	ש	ש	ף	ש	ש	ס	נ	ן	ד	כ
ע	ב	ח	ל	ם	ם	ס	ג	ב	ד	ם	כ	ד	ר	ן
ב	ן	א	ח	נ	ט	ל	ת	ה	ק	ר	ב	ה	ף	ד
ה	פ	ע	ד	ס	ע	ח	ת	א	ח	ג	ע	ט	ת	ע
נ	ט	ט	ו	ר	נ	י	ר	ח	ש	צ	נ	ן	צ	ל
ע	ח	ך	מ	ס	ל	ב	ת	ט	מ	ע	י	נ	ן	ף
ז	מ	ן	ל	ט	ם	י	ר	ג	ת	א	ר	ם	ש	נ
א	ה	כ	ל	מ	ס	ם	צ	א	ס	ב	י	ד	פ	נ
נ	ס	ב	ג	ח	מ	פ	ס	ן	ב	ל	ב	ש	ב	צ
ה	ל	ט	כ	ל	ל	י	ם	ת	ו	ד	ו	ק	נ	ה
ר	ר	מ	ר	ט	ב	ן	ק	ח	ש	ס	ש	ח	ו	ר
צ	ע	ת	ד	ט	ל	פ	כ	ר	כ	ף	כ	ע	צ	ה
ה	צ	ג	ע	ט	ג	ה	ף	ו	ל	א	ב	ל	ט	כ
ש	ת	ח	צ	ל	ר	י	ד	ת	ת	ב	ג	ח	א	ם
ף	ע	א	צ	ם	ל	ס	ה	צ	ל	מ	ט	ט	ד	א

שחור
אתגרים
אלוף
תחרות
אלכסון
משחק
מלך
יריב
פסיבי
שחקן

נקודות
מלכה
כללים
הקרבה
אסטרטגיה
זמן
ללמוד
טורניר
לבן

10 - Archeology

ת	פ	מ	ף	ד	נ	מ	ל	א	ק	ד	ג	נ	ל	צ
ע	ר	ל	מ	ש	ו	ן	צ	ח	ב	ה	ח	ב	ה	י
ת	ו	ם	מ	מ	צ	א	י	ם	ר	מ	ב	צ	מ	ב
י	פ	ב	ח	ר	צ	צ	ם	מ	ס	נ	ן	ק	ף	י
ק	ס	ה	ר	א	ה	מ	ו	ל	ע	ת	ד	ף	ב	ל
ו	ו	ל	ח	ף	כ	ד	ה	ן	ל	ש	י	ט	ף	י
ת	ר	פ	מ	ף	ע	ד	ל	ח	ן	מ	ר	ף	נ	ז
ע	ם	ף	א	ט	ר	נ	ר	ר	צ	ם	ש	ש	ש	צ
פ	נ	י	ת	ו	ח	נ	ה	ג	ן	כ	א	ב	ם	י
ג	ט	ף	צ	ט	ו	ן	ע	כ	מ	ם	ג	א	ס	ה
א	ו	ב	י	י	ק	ט	י	ם	א	ת	ו	ו	צ	ש
נ	מ	פ	ה	ע	ר	כ	ה	ס	ו	ו	ה	מ	ר	ב
ח	ר	ע	ח	ם	ע	ת	ג	נ	ב	מ	ח	צ	ש	ר
ן	ל	א	י	ד	ו	ע	י	ד	ן	צ	ד	ן	צ	י
ן	ג	ן	ס	פ	ח	ף	ח	מ	צ	ע	ם	כ	מ	ם

שברים
תעלומה
אובייקטים
פרופסור
שריד
חוקר
צוות
מקדש
קבר
לא ידוע

ניתוח
עתיקות
עצמות
ציביליזציה
צאצא
עידן
הערכה
מומחה
ממצאים
מאובן

11 - Food #2

צ ח ם א ה ס פ ד ל ס ס ס ע ב ע
ט צ ם ג ט ד ל נ ד ן א ג פ ת מ
ב י צ ה נ ל ם ל נ ד ב ד פ ע א
נ ל ח ש ד ת ח פ א נ מ ה ח ו כ
ש נ ב ס פ צ נ ב י ן ע ת ן ף ה
ח ב ם ו ט ג ח י ר א ף ע ה ל ת
ר ה ח ח מ פ ה י ל א נ ע ד ע ר
ח מ ר מ ג ד צ ל ס ס ג צ א ס ן
י ע ם ן ב ד ב ו ד ב ה ע ל מ פ
ט א ר ט י ש ו ק כ י ט ם כ ר ב
ה ם ן א ק י ו ו י ד ל ו ק ו ש
כ מ ם ו ן ט ף ר ע ב ס ה ש ת ה
פ ה צ ר ר ה ט ב ש נ כ ב א ג ח
ח ס ג ז ן פ ג ב י נ ה נ ב ט ר
צ נ ם ט ר ו ג ו י ה ב ל ן ר ב

תפוח
ארטישוק
בננה
ברוקולי
סלרי
גבינה
דובדבן
עוף
שוקולד
ביצה

חציל
דג
גפן
חם
קיווי
פטרייה
אורז
עגבנייה
חיטה
יוגורט

12 - Chemistry

פ	ף	כ	ח	ע	נ	ה	ר	ו	ט	ר	פ	מ	ט	מ
ג	ח	ד	א	ו	ן	ף	צ	ב	ן	מ	ח	פ	י	ע
ז	צ	ה	ז	ה	נ	ט	ח	ה	ל	ט	ל	מ	נ	ר
א	ן	ל	ר	ט	א	ל	ק	ל	י	י	ן	ה	ן	ש
ף	ן	פ	ז	מ	ו	ל	ק	ו	ל	ה	צ	מ	ו	ח
ב	ן	ש	מ	ג	א	צ	ח	ע	ה	פ	מ	כ	פ	א
ל	ע	נ	צ	ט	ת	ח	פ	מ	ם	א	ח	ש	ג	ט
י	נ	י	ע	ר	ג	ו	א	נ	נ	פ	ד	ג	ה	ו
ח	ל	מ	צ	ו	ט	ם	פ	ר	ל	ט	ר	ח	ט	מ
ף	נ	פ	ג	ל	צ	א	ם	ע	צ	מ	ף	א	ג	י
ב	נ	ת	מ	כ	ש	א	ל	ק	ט	ר	ו	ן	ו	י
ר	ר	צ	ף	נ	ף	ל	ב	פ	ה	ר	נ	ר	ח	נ
ס	ן	ע	מ	פ	ל	ק	ש	מ	ג	ס	א	ר	נ	ת
ד	ה	ה	ל	ת	כ	ת	א	נ	מ	א	ף	נ	ן	ן
ם	ב	פ	כ	א	נ	ז	י	ם	א	ע	ם	נ	ב	ב

מימן
יון
נוזל
מולקולה
גרעיני
אורגני
חמצן
מלח
טמפרטורה
משקל

חומצה
אלקליין
אטומי
פחמן
זרז
כלור
אלקטרון
אנזים
גז
חום

13 - Music

ח	א	פ	ס	מ	ת	מ	מ	ד	ל	נ	ד	מ	ט	ד
ב	ן	ו	פ	ו	ר	ק	י	מ	י	ט	ק	ל	ק	א
ג	ב	א	מ	ה	ר	נ	ת	ד	ר	מ	ז	ח	מ	ק
ק	ף	ט	מ	נ	כ	ה	ף	מ	י	מ	נ	ע	ד	ל
ד	צ	י	ט	ב	ג	ט	צ	ט	נ	ח	ס	ע	ש	_
כ	ה	ב	ק	ף	כ	י	ש	פ	ו	ן	ה	ש	ג	א
ח	ה	ה	צ	ם	ם	מ	נ	ר	מ	ש	ר	ט	מ	ס
פ	ף	ג	ב	ה	ט	ל	ק	ה	ר	פ	ו	א	מ	.
ק	פ	ח	י	ל	ר	פ	ע	ם	ה	כ	ת	ט	א	י
ו	מ	ד	פ	ה	ש	מ	מ	ו	ז	י	ק	א	י	מ
ל	פ	ט	ב	ק	א	צ	ו	ם	ן	ב	ת	ר	צ	ל
י	ח	ה	צ	מ	ם	ע	ש	נ	מ	מ	ז	מ	ר	ף
צ	ש	ף	פ	א	ל	ב	ו	ם	י	ב	א	ד	ת	ת
ב	ל	ד	ה	צ	ח	ל	ף	ר	פ	ה	נ	ד	ת	ש
א	ע	כ	ח	מ	ש	צ	ט	ב	ן	ת	ף	צ	ה	נ

אלבום
בלדה
מקהלה
קלַאסִי
אקלקטי
הרמוני
הרמוניה
לירי
מנגינה
מיקרופון

מחזמר
מוזיקאי
אופרה
פואטי
הקלטה
קצב
קצבי
שר
זמר
קולי

14 - Family

ש	ט	ד	ד	ל	ן	ם	ה	ם	ש	ן	ח	ה	ד	א
ף	ה	ת	כ	ר	ג	ב	ן	ד	ו	ד	ו	ד	פ	ל
פ	פ	ה	ס	ש	ס	ח	ח	צ	צ	ב	ה	ו	ה	ה
ה	ג	ס	נ	נ	ת	ו	ח	א	ט	א	כ	ד	נ	ל
ר	מ	ת	כ	ל	ם	ט	ף	ח	ם	ל	נ	ר	ר	פ
ח	ב	מ	ע	ן	י	י	ח	א	י	כ	ע	ד	ס	ח
פ	א	צ	פ	ס	ל	א	ב	ס	ד	ד	ה	ד	ל	י
א	ב	א	ס	ף	ב	ע	כ	ם	ל	ת	ב	ל	ר	ה
נ	ה	ן	ת	א	ח	מ	צ	ב	י	ו	ב	פ	כ	מ
מ	י	ו	י	מ	מ	ש	צ	ס	ב	ד	ע	ס	כ	י
ן	ל	מ	נ	ש	נ	נ	ט	ש	ן	ל	ל	ר	ם	א
ע	א	ד	י	ד	ל	ה	ט	ה	ל	י	ח	צ	ף	ר
א	ף	ק	י	ת	ב	מ	ע	ה	ש	א	ל	א	ע	ג
ל	ט	ב	ח	ה	נ	מ	ח	נ	נ	ם	צ	כ	ב	ל
ג	ר	א	א	ל	ם	ל	ת	ע	כ	ט	נ	ם	נ	ס

נכד
בעל
אימהי
אימא
אחיין
אחיינית
אבהי
אחות
דוד
אשה

אב קדמון
דודה
אח
ילד
ילדות
ילדים
בן דוד
בת
אבא
סבא

15 - Farm #1

כ	ש	ש	ע	ם	ף	ף	ב	ן	כ	ע	ם	ף	ח	נ
ש	ל	ו	ת	ח	ד	ת	ש	א	ן	ן	כ	ש	ק	כ
ד	ט	ב	ף	ט	ב	ל	ח	א	נ	ל	ם	ע	ל	ש
ש	ש	ד	ה	ב	ש	ה	צ	ב	ר	ש	א	ס	א	ד
ן	ו	ז	י	ב	ת	ת	י	ת	ן	ג	ת	ם	ו	ד
ת	מ	ה	ר	ו	ב	ד	ר	ע	ו	ף	מ	צ	ת	ס
ח	מ	ו	ר	ג	ד	ר	מ	מ	ן	נ	ל	צ	ע	ב
צ	ע	כ	ח	פ	ח	ט	פ	ל	ע	ס	ם	צ	פ	פ
ת	ז	ד	א	ר	ה	ן	א	ט	ע	ש	ג	פ	ס	ס
צ	ר	ת	ו	ל	צ	כ	ע	כ	ד	ן	ח	כ	ד	ב
ג	ע	ח	ר	ם	א	ה	ג	מ	צ	ע	ח	ה	ע	ס
ר	ג	ר	ג	ז	צ	מ	ל	ז	ר	ע	י	ם	ו	ח
ן	ב	ת	ן	ס	ט	ס	ג	כ	כ	א	ס	י	ר	צ
צ	ט	ת	ן	א	ב	צ	ח	ח	פ	ט	ן	מ	ב	ן
מ	א	ת	מ	ן	כ	א	ס	ט	פ	ל	ג	ן	ס	ש

גדר
דשן
שדה
עז
חציר
דבש
סוס
אורז
זרעים
מים

חקלאות
דבורה
ביזון
עגל
חתול
עוף
פרה
עורב
כלב
חמור

16 - Camping

ע	ב	ו	כ	ף	ה	ע	ח	ג	ם	י	ן	ה	ל	ל
ר	מ	נ	ט	מ	ד	ע	ם	ח	ת	ע	ע	ר	ר	ח
ס	נ	א	ח	ם	ח	ל	ף	נ	נ	ר	ן	פ	צ	מ
ל	ש	ק	כ	ף	ב	כ	ה	ס	ד	ד	ב	ת	ט	ס
ה	ש	ט	ב	ע	ל	ם	י	ע	צ	י	ם	ק	ר	ח
ו	ח	י	ו	ת	ס	ת	נ	ף	ף	ה	ב	ה	כ	ה
א	נ	ן	ם	ג	ן	ר	ח	ל	א	ש	ה	ר	ן	ב
ח	פ	א	ל	ש	ל	ט	ב	ח	ף	ד	ב	ר	ט	ד
ה	א	א	פ	ח	נ	מ	כ	ס	ף	צ	צ	ם	ם	כ
ב	א	ת	פ	ף	ף	ח	א	ע	ם	צ	ח	ף	צ	א
ן	צ	ב	ן	מ	פ	ה	ג	ס	מ	ע	ן	א	ן	ת
ת	כ	י	ג	ן	א	ת	א	ע	צ	י	ד	א	ן	כ
ר	ס	ט	ר	ד	ט	פ	א	ג	ם	ה	ר	ט	ח	מ
ח	ה	מ	פ	ח	ב	ב	ר	ש	ם	ר	ה	ש	נ	צ
א	ב	ט	ב	ה	ד	ד	ל	ב	ר	ב	ל	מ	ד	צ

הרפתקה
חיות
תא
קאנו
מצפן
אש
יער
כיף
ערסל
כובע

ציד
חרק
אגם
מפה
ירח
הר
טבע
חבל
אוהל
עצים

17 - Algebra

צ	ש	ד	ע	מ	פ	א	ב	כ	מ	ל	צ	א	ר	ח
ן	פ	ת	ר	ש	י	ם	נ	ר	ס	ע	ב	ס	ם	א
ד	מ	ש	ת	נ	ה	נ	ם	פ	פ	ת	ר	ר	ט	ט
פ	ה	כ	ס	כ	ם	ש	נ	ת	ר	ף	ן	פ	ב	ע
ר	ף	ו	פ	ת	ר	ו	ן	ם	כ	ע	ב	פ	ל	ח
ס	פ	ג	א	ן	ס	כ	ם	ד	ס	ן	א	ם	ט	י
י	ה	ם	ג	ח	ם	ן	ם	ט	ח	כ	ד	ב	ר	ס
ב	ע	י	ה	ר	ם	ג	א	ט	ם	ן	ח	ן	ס	ו
ה	צ	י	א	נ	כ	ר	ט	ג	ב	ם	י	ש	ק	ר
ד	ע	ר	ו	פ	ש	ת	ב	ר	ג	ו	ר	ם	ל	כ
ם	צ	ג	ו	ר	פ	ג	ף	ף	ט	ג	א	נ	כ	מ
ס	ת	ו	ש	ט	ש	פ	ל	ר	ו	ב	י	ח	ע	ל
ת	ת	ס	מ	ן	פ	ח	ד	ב	ש	א	נ	ר	ע	ס
ם	כ	ה	צ	י	ר	ט	מ	ש	מ	מ	י	ג	צ	ב
ד	ה	ס	ה	ה	ס	פ	ת	ג	ל	ך	ל	ח	ש	ל

חיבור
תרשים
משוואה
מעריך
גורם
שקר
נוסחה
שבר
גרף
אינסופי

ליניארי
מטריצה
מספר
סוגריים
בעיה
לפשט
פתרון
חיסור
משתנה
אפס

18 - Numbers

ע	ח	ף	ד	פ	ש	ר	ש	ע	ה	נ	ו	מ	ש	ש
ט	מ	ם	ס	ר	נ	ע	ג	ר	ג	ת	פ	ט	ל	ת
ע	י	כ	צ	ה	י	א	ג	ד	ג	ן	צ	ו	א	א
ש	ש	מ	ל	ל	ם	ח	ר	כ	ח	ת	ש	ס	ש	ר
ר	ה	ש	ע	ם	ע	ג	ת	פ	פ	ע	ת	א	ש	ב
ו	ע	ש	ש	נ	ש	א	ש	א	ש	ש	ל	ן	ע	ע
נ	ש	מ	ר	ש	ר	א	ע	ר	ם	ת	ע	ף	ן	ח
י	ה	ב	י	ש	ס	ח	ה	א	ם	ף	ל	ת	מ	ם
פ	מ	כ	ם	ל	ן	ד	ר	ש	ע	ב	ש	ש	מ	ה
פ	ה	ג	ן	ו	ם	ב	ש	ב	ה	ר	ש	ע	ש	ש
א	ן	ע	ן	ש	ע	ט	ע	ע	ט	ם	י	י	ת	ש
מ	פ	ש	ל	ה	ה	ע	ע	ע	ח	ח	נ	ת	ש	ה
ף	ה	ר	ע	כ	ם	ח	ש	ש	ט	ש	ת	ס	צ	א
ם	ב	ש	כ	ט	ג	ם	ת	ר	ח	ם	פ	ש	א	ר
ג	ר	ת	ה	נ	ו	מ	ש	ה	ט	ג	ח	ד	ה	ן

שבע
שבע עשרה
שש
שש עשרה
עשר
שלוש עשרה
שלוש
שנים עשר
עשרים
שתיים

עשרוני
שמונה
שמונה עשר
חמישה עשר
חמש
ארבע
ארבעה עשר
תשע
תשע עשרה
אחד

19 - Spices

ס	כ	ן	ר	פ	ע	ז	צ	נ	ב	מ	ל	ש	ג	ע
ש	ו	ם	ד	ף	ף	ד	צ	ה	פ	ל	ף	ל	ד	ף
ו	ס	ת	כ	ד	ה	ר	מ	ו	ש	ט	צ	ר	נ	ם
ש	ב	ע	ל	מ	ם	ע	ט	פ	ף	ט	ף	ן	ח	ה
ס	ר	ר	ת	ג	ר	ן	פ	מ	א	ס	ע	כ	א	כ
ק	ה	א	מ	ר	י	ר	נ	מ	ע	ר	ן	ט	ט	ח
י	ם	ת	פ	ר	י	ו	ף	ה	ב	ד	ם	ג	ם	ד
נ	ר	ע	ה	ק	ח	פ	ב	ר	ש	כ	ע	ד	א	כ
מ	צ	פ	ה	ב	ה	י	נ	ב	צ	מ	ן	נ	ל	ה
ו	ר	ג	נ	י	ג	צ	מ	ן	ף	ו	נ	י	ל	ש
ן	מ	מ	ת	ר	ף	ת	ר	צ	ד	ן	ר	ר	צ	ת
ח	נ	ם	ט	א	ו	ח	מ	ר	ס	י	נ	א	ב	ת
ע	ב	ם	א	ק	ע	ט	א	ח	ל	מ	מ	ג	א	פ
ט	ט	ק	ס	ו	מ	ה	פ	מ	ב	ט	כ	ס	צ	ת
כ	ד	ת	ן	נ	ח	ש	ן	כ	ש	ע	ס	מ	ל	פ

אניס
מריר
הל
קינמון
ציפורן
כוסברה
כמון
קארי
שומר
טעם

שום
ג'ינג'ר
שוש
מוסקט
בצל
פפריקה
זעפרן
מלח
מתוק
וניל

20 - Universe

ם	ד	ף	ר	ם	פ	ה	א	א	ת	ם	פ	ג	נ	ש
ך	ל	א	ו	פ	ק	מ	ס	נ	ה	ש	א	ל	ר	ש
ע	ש	מ	י	מ	י	י	ט	ע	י	כ	ל	ק	ר	כ
נ	פ	ו	א	ש	ו	ס	ר	פ	מ	י	מ	ס	ו	ק
ת	ר	ת	ח	ח	ל	פ	ו	ת	ו	ס	ה	י	ם	ה
ח	מ	מ	צ	ר	ג	ר	א	ל	נ	מ	ל	ה	ס	ם
ת	ג	ח	ַ	ח	י	ה	י	ת	ו	ה	י	פ	ו	ך
ב	ן	פ	ֵ	ח	ט	ן	ד	ד	ר	ל	מ	א	ם	ע
ח	ם	ש	נ	ש	ס	ת	ד	ח	ט	ל	ס	ק	ו	פ
ו	ל	ב	ב	מ	ה	מ	ן	ב	ס	ב	ס	מ	נ	צ
ר	ק	י	ע	ש	נ	פ	כ	ט	א	ל	ם	ט	ו	ב
ו	א	ו	ו	י	ר	ה	צ	א	ר	ד	ס	ה	ר	ר
ק	ג	ל	ג	ל	ה	מ	ז	ל	ו	ת	מ	נ	ט	ר
ף	ש	ר	ע	ש	נ	ש	נ	ר	נ	א	ה	ט	ס	ע
ט	ף	כ	כ	ם	ח	ף	ף	ט	ב	ג	ל	נ	א	ד

אופק
קו רוחב
ירח
מסלול
רקיע
שמש
היפוך
טלסקופ
גלוי
גלגל המזלות

אסטרואיד
אסטרונום
אסטרונומיה
אווירה
שמימי
קוסמי
חושך
נֶצַח
גלקסיה
המיספרה

21 - Mammals

ב	א	ז	ב	ט	ק	ף	ת	ב	נ	ט	ע	ד	צ	ת
ו	ס	ן	מ	ב	ל	נ	ס	ס	ל	כ	א	ט	ם	צ
נ	ה	ב	ט	נ	ב	ן	ג	כ	ס	ת	ת	ר	א	ע
ה	ח	ר	ש	ת	מ	ת	פ	ו	ב	ו	ד	ס	ף	ף
פ	ר	כ	ג	ו	ר	י	ל	ה	ר	ש	ע	ב	ש	מ
ר	כ	ם	ם	ב	ף	ו	ו	ם	נ	ו	י	מ	ו	ל
י	ל	ת	א	ר	ן	ו	ת	פ	א	כ	ל	ם	ר	ם
ג	ח	ף	ר	ע	כ	ל	ח	ג	ל	נ	ן	נ	ם	ל
ח	א	צ	י	ב	נ	ר	א	ג	ר	ר	פ	ש	ט	נ
ת	ת	כ	ה	א	ע	נ	ב	ק	ו	ף	ס	ו	ס	ד
מ	ס	ת	ד	ז	ר	צ	ג	ן	כ	ד	ש	ע	מ	ב
ה	ג	ד	ח	ן	ג	ט	ט	ר	פ	ס	כ	ן	ס	ש
ז	ב	ר	ה	פ	כ	א	ב	א	פ	מ	ל	ן	ד	ו
ה	כ	ד	נ	ן	י	פ	ל	ו	ד	ח	ב	כ	ש	ע
צ	צ	ה	כ	ד	ג	ל	ט	ס	ב	א	ד	ש	ן	ל

דוב
בונה
שור
חתול
זאב ערבות
כלב
דולפין
פיל
שועל
ג'ירפה

גורילה
סוס
קנגורו
אריה
קוף
ארנב
כבשים
לוויתן
זאב
זברה

22 - Restaurant #1

מ	מ	ר	כ	י	ב	י	ם	כ	ף	ק	פ	מ	א	ה
ז	ט	ה	ף	ט	ת	ל	ח	נ	י	צ	ס	ח	א	ב
ו	ב	ע	ו	י	צ	ע	ל	נ	ר	א	ס	ר	ל	ס
ן	ח	ר	ע	ר	ק	ף	ו	ל	ח	ג	ן	י	כ	ס
כ	ח	ג	ה	פ	ע	ח	כ	ת	ש	ח	ה	ת	צ	ב
ש	א	ל	נ	ת	ר	ר	א	ב	ד	כ	פ	ב	ן	ר
ב	ס	ה	ד	י	ה	ס	ל	ה	ח	ט	ק	ס	כ	ש
ר	ט	ס	ם	ר	כ	ח	מ	ז	א	א	ו	ש	פ	כ
נ	כ	צ	צ	צ	ב	ת	ג	מ	ש	א	פ	ב	ח	ן
ב	מ	א	ש	ל	נ	ן	ד	נ	כ	צ	א	ט	ב	ש
ן	נ	צ	מ	מ	ד	ה	ן	ה	ם	ן	י	ע	פ	א
ח	ע	ף	פ	מ	נ	נ	מ	צ	ל	ח	ת	צ	מ	ל
כ	ל	ת	י	ף	צ	ה	ד	ס	ר	ר	ש	ב	ח	כ
פ	פ	ה	ת	א	ל	ר	ג	י	ה	פ	ק	ם	ג	ן
א	נ	ג	ף	ד	ת	ג	ה	ב	א	ע	מ	א	נ	ד

סכין
בשר
תפריט
מפית
צלחת
הזמנה
רוטב
חריף
לאכול
מלצרית

אלרגיה
קערה
לחם
קופאית
עוף
קפה
קינוח
מזון
מרכיבים
מטבח

23 - Bees

ט	ח	ת	ן	א	כ	ע	ד	ן	ב	ן	מ	פ	ח	צ
ג	י	ו	ו	ן	ן	ה	נ	ל	נ	נ	א	ר	ר	מ
ר	ד	נ	צ	ו	כ	ו	ו	ר	ת	ח	ב	ח	ק	ח
ג	מ	ח	נ	ז	ט	א	ע	ל	ת	ט	י	י	ג	י
ב	פ	ל	ע	מ	כ	ם	ת	ע	פ	נ	ק	ם	ג	ם
ב	ח	ג	כ	ס	ש	ע	ו	ו	ה	ח	ד	ד	כ	ב
ם	ח	ן	ש	ב	ש	ע	ר	נ	כ	י	ת	ג	נ	ב
ל	ת	ן	ש	מ	ח	ד	י	כ	ל	ל	ש	ט	פ	ף
א	א	נ	ף	ע	ש	ב	פ	ת	מ	י	ן	ח	י	כ
נ	ד	ם	ם	ם	ן	ש	ם	מ	כ	ר	ע	כ	י	מ
ת	מ	ח	צ	פ	ר	י	ח	ה	ק	ב	א	ו	ם	ט
ל	ה	כ	ר	ר	צ	ג	ס	ד	א	ע	ג	ף	מ	ד
ב	ג	ל	צ	ן	כ	ח	נ	ר	כ	כ	ל	ת	ל	ד
צ	מ	צ	א	ת	פ	ג	ל	ל	ס	ם	ה	ט	ת	ג
ש	ב	ד	ט	ד	ב	פ	ר	ב	ר	ל	ס	ע	פ	ס

מועיל
פריחה
גיוון
פרחים
מזון
פירות
גן
כוורת
דבש
חרק

צמחים
אבקה
מאביק
מלכה
עשן
שמש
נחיל
שעווה
כנפיים

24 - Weather

ג	ף	ש	כ	ס	ח	נ	ר	צ	ן	נ	א	נ	ג	ת
צ	פ	ת	ל	ס	ה	ג	מ	ם	ם	ח	ש	צ	צ	ח
פ	ת	ע	ע	פ	ב	פ	ש	צ	ש	ת	צ	ף	מ	ר
מ	ש	ח	ר	ר	מ	ל	ע	ט	ד	ט	ג	ף	ן	ב
א	ק	ל	י	ם	צ	ט	מ	ע	ה	כ	מ	ם	מ	ר
מ	ר	ה	ל	נ	ת	מ	ש	ף	ע	ר	ע	ם	ע	ה
ל	ב	ת	ס	א	פ	פ	ג	מ	ר	נ	ש	ן	ר	ד
ה	ו	ר	י	ק	ן	ר	נ	ד	נ	ק	ן	ן	ו	ב
ה	ק	ו	ט	ב	נ	ט	ח	ט	ף	ה	י	ע	·	ה
כ	ף	צ	ח	י	פ	ו	ר	ט	ו	ף	נ	ע	ח	ל
ף	ל	ב	י	ב	ש	ר	ק	ר	ח	ר	ס	ס	_	ע
מ	ד	ן	ס	ס	ס	ה	ס	א	ח	צ	נ	ס	צ	ר
צ	ט	ח	א	ע	מ	ו	נ	ס	ו	ן	ם	ד	ל	פ
כ	כ	ס	ש	ר	א	ו	ו	י	ר	ה	מ	ת	ו	ל
ס	ח	ב	ת	ה	נ	א	ן	מ	נ	כ	צ	ם	ע	ף

אווירה
רוּחַ
אקלים
ענן
בצורת
יבש
ערפל
הוריקן
קרח
ברק

מונסון
הקוטב
קשת
רקיע
סערה
טמפרטורה
רעם
טורנדו
טרופי
רוח

25 - Adventure

א	נ	י	ש	ו	ק	ם	ט	ד	ע	י	ט	ל	י	צ
מ	י	ר	ח	ב	ר	י	ם	ח	י	ו	ע	ו	ם	ח
מ	ו	א	ב	מ	ו	ר	ל	נ	ת	כ	פ	ן	ח	ה
ס	ו	ה	ס	ל	ש	ג	א	ט	פ	י	ד	ל	ל	ש
ו	ט	צ	ש	ס	ט	ת	פ	ס	מ	ס	ד	ע	ן	ת
כ	ה	ד	ב	ש	ב	א	מ	ש	ע	ץ	ד	ש	ע	ר
ן	ב	פ	ת	מ	ע	נ	ס	ה	ח	מ	ש	צ	ט	צ
ס	ת	ו	ל	י	ע	פ	ל	נ	ר	ו	ר	ג	ן	ח
ת	ו	נ	מ	ד	ז	ה	ו	כ	ס	א	ב	נ	פ	ן
פ	צ	צ	צ	נ	ח	ב	ל	ה	צ	ח	ד	ם	ו	ג
צ	א	ג	ח	ע	ט	ת	ס	ס	ף	ד	ע	ש	ד	ח
נ	ם	ל	נ	י	ס	ת	ף	כ	ג	מ	ע	צ	א	ר
ר	ע	ס	ח	ף	ג	ר	ה	ד	ת	ף	ן	פ	צ	מ
ר	ח	ו	ש	ם	ר	א	א	ש	ח	ח	ם	א	ו	א
א	ת	ל	א	ס	ם	ם	ס	ב	ט	ף	ם	ס	י	ן

פעילות
יופי
אומץ
אתגרים
סיכוי
מסוכן
יעד
קושי
טיול
חברים

מסלול
שמחה
טבע
ניווט
חדש
הזדמנות
הכנה
בטיחות
מפתיע
יוצא דופן

26 - Sport

ר	ה	ר	ט	מ	צ	צ	ד	ט	פ	נ	מ	כ	ס	ש
מ	ט	נ	ת	ף	ת	ן	ג	ן	ב	ם	ט	א	י	ן
י	א	ט	ר	ו	פ	ס	מ	ה	ע	ח	ב	צ	ב	ל
נ	י	מ	ב	ד	ע	ג	ח	נ	צ	ף	א	ד	ו	ן
פ	ד	ם	ן	כ	ט	ש	ע	ו	מ	י	ה	ס	ל	ס
ף	צ	נ	צ	כ	ד	נ	כ	ז	ו	א	ר	ש	ת	ש
מ	ש	ב	ס	ת	כ	נ	י	ת	ת	ו	ח	ש	ל	פ
ב	ר	י	א	ו	ת	נ	ל	ף	ל	ר	י	ק	ו	ד
ד	ב	כ	ף	ן	מ	ד	ו	ג	ו	ף	כ	ס	ם	נ
ת	פ	ס	ח	צ	ן	ע	ב	ס	כ	ג	ו	פ	פ	ל
ש	ר	י	ר	י	ם	ע	ט	כ	י	פ	ח	ו	ת	ד
צ	ב	ד	ה	ן	ח	ס	מ	ן	ג	ל	צ	ר	ף	ר
פ	ע	פ	נ	ט	ג	ל	ק	א	ד	ב	ן	ט	א	ד
ע	ש	פ	ת	ב	ע	ב	ג	מ	א	ס	נ	פ	נ	ד
ב	נ	ש	ד	ף	ט	ם	ד	י	ל	כ	ו	ב	ל	ם

בריאות
ריצה
למקסם
מטבולי
שרירים
תזונה
תכנית
ספורט
כוח
לשחות

יכולת
ספורטאי
גוף
עצמות
לב וכלי דם
מאמן
ריקוד
דיאטה
סיבולת
מטרה

27 - Restaurant #2

פ נ ן א נ פ מ פ ע ה ר ל ף ע נ
ד נ ט ם ע ת ז ר א ף כ ש ח ת ל
ל ר פ מ ס כ ל ג ט ס ד ש ה נ ס
כ ב ע צ ף א ג צ ר ג ל ח ט ל ה
ף כ ס ע ג נ ט ע י ם ד ף ל צ ט
ר מ ש ף מ כ ב ס ו ב ג ם ח ן מ
א ש א ר א ר ו ח ת ע ר ב נ ש ת
ח ל מ ח כ י ס א ג א ס ע ט ב א
מ נ מ ל צ ר נ ם ב ב ה כ ל ע פ
ת ב מ ר ק ת ו ר י פ י ס ת ר
ט ש מ ר ל ו ם א צ ן נ ף ס א ע
ט ס ח פ ג ת נ ג ט י ח ס ם ו ב
ס ה ל ף ב י צ י ם ב ע ג ג ל א
ס ש ל ל ד פ ן ב א ת מ ה ה כ ת
מ י ם י י ר ה צ ת ח ו ר א ב ף

ארוחת צהריים
אטריות
סלט
מלח
מרק
תבלינים
כף
ירקות
מלצר
מים

מתאבן
עוגה
כיסא
טעים
ארוחת ערב
ביצים
דג
מזלג
פירות
קרח

28 - Geology

ח	ה	ס	צ	מ	א	ו	ב	ן	ש	ם	ף	ב	ף	ף
ן	ן	ף	ם	צ	ג	ח	א	ף	ם	צ	ג	ח	ל	ב
ר	ח	ן	ב	ד	ד	ח	צ	ח	ל	ת	ת	ב	ר	ט
ע	ב	ר	ג	ם	ת	כ	מ	ש	מ	ס	ב	מ	ן	ר
מ	ג	ן	ט	ב	ג	מ	ע	נ	פ	ה	ב	ל	ה	ה
מ	ל	ס	ג	ן	ב	א	ק	ו	ו	ר	ץ	ח	ד	ם
ל	י	ם	ע	ת	י	ש	כ	ב	ה	ע	מ	ח	ג	ב
ף	ג	נ	א	ן	ש	צ	א	ל	ם	מ	ח	ח	י	ס
כ	א	ט	ר	ה	י	ב	ה	ף	ג	ל	ם	ט	י	ב
ס	י	ד	ן	ל	ם	ם	י	ר	ו	ז	ח	מ	ז	ב
ב	ד	נ	מ	ח	י	ב	ח	ל	מ	מ	צ	ד	ר	ם
ג	ר	ה	ג	מ	ה	ם	ו	ש	ל	ת	ף	ג	ט	ן
מ	ה	ס	ט	נ	ם	ה	מ	ד	א	ת	ד	י	ע	ר
ן	ף	כ	ס	ף	ע	מ	צ	ה	ס	כ	ח	ט	ט	ת
ש	א	צ	ש	ע	ג	ר	ה	ק	י	ח	ש	ג	ט	נ

גייזר
לבה
שכבה
מינרלים
רמה
קוורץ
מלח
נטיף
אבן
הר געש

חומצה
סידן
מערה
יבשת
אלמוג
גבישים
מחזורים
רעידת אדמה
שחיקה
מאובן

29 - House

ב	ף	כ	ן	ס	ל	ט	כ	ב	פ	צ	ח	ס	ה	ע
ח	ג	פ	פ	ד	נ	ל	פ	ל	ת	כ	פ	ח	מ	נ
ל	ד	ג	ג	ת	י	י	ל	ע	פ	ג	פ	ע	פ	מ
ו	פ	ן	א	ו	ל	צ	צ	ת	ח	ל	ק	מ	ת	ט
ן	ל	ג	ת	נ	נ	ד	ן	ה	מ	ש	ע	נ	ח	ב
ן	נ	ש	כ	ו	ן	ר	ר	צ	פ	ב	ס	ו	ו	ח
ר	נ	צ	א	ל	כ	ב	ב	ם	צ	ש	צ	ר	ת	ף
נ	כ	ס	ן	י	ג	ר	ף	ר	ש	ט	ו	ה	י	ר
ב	ש	ה	נ	ו	ג	ר	ם	ע	ג	ף	ח	י	מ	ק
פ	ד	ף	א	ס	א	ן	ט	א	ח	ט	א	ר	ד	ג
כ	מ	ן	כ	ב	ג	ג	ף	ס	ח	ף	ה	פ	צ	ר
צ	ח	ט	ג	ב	ן	ס	ש	ע	ט	ס	ך	ס	ו	מ
ח	ן	ת	א	ה	ט	ח	ה	ג	פ	ף	נ	ח	מ	ש
ל	ה	ס	ב	ט	ר	ד	פ	ה	ל	ה	ג	ם	ר	ה
מ	פ	ן	פ	ה	א	ר	מ	ס	ח	ף	ב	צ	ט	ש

מפתחות
מטבח
מנורה
ספריה
מראה
גג
חדר
מקלחת
קיר
חלון

עליית גג
מטאטא
וילונות
דלת
גדר
אח
רצפה
ריהוט
מוסך
גן

30 - Physics

ש	נ	ף	ט	ת	מ	ב	ר	א	ן	ד	ה	ס	ת	ד
ה	ת	ה	א	ל	ג	ש	ר	ל	מ	ג	כ	א	ו	ס
ם	ש	ה	ר	א	נ	ח	ם	ק	ס	ף	ס	ט	ס	ט
ע	ד	ט	ט	ש	ט	ם	ן	ט	ה	ס	נ	ם	ח	נ
פ	ל	ש	ת	פ	י	ן	ש	ר	ל	מ	ת	ה	י	ו
ג	מ	כ	ל	ם	ו	ט	א	ו	ו	פ	א	ר	פ	ס
צ	ח	ג	ד	ת	ת	נ	ה	ן	ק	מ	ו	ח	ס	ח
ט	ח	ט	ף	ג	א	ש	ר	ט	ל	ה	נ	ב	ן	ה
ח	ל	ק	י	ק	ז	ו	ר	ן	ו	י	י	ה	ת	ל
ח	מ	כ	נ	י	ק	ה	צ	ם	מ	ר	ב	א	ד	צ
מ	נ	ו	ע	ט	כ	ת	א	ה	ס	ו	ר	ע	י	פ
ג	ר	ע	י	נ	י	י	ן	ם	א	ת	ס	ד	ר	י
ש	א	ן	ן	ן	ע	א	מ	ר	פ	ג	ל	ת	ו	פ
ר	ף	ה	פ	ל	מ	א	א	י	ף	כ	י	ה	ת	ו
ב	ר	ד	ע	א	צ	ח	ת	ח	ת	ג	ע	מ	כ	ת

תאוצה
אטום
כאוס
כימי
צפיפות
אלקטרון
מנוע
הרחבה
נוסחה
תדירות

גז
מגנטיות
מסה
מכניקה
מולקולה
גרעיני
חלקיק
יחסות
אוניברסלי
מהירות

31 - Scientific Disciplines

א	ס	ת	א	פ	י	ז	י	ו	ל	ו	ג	י	ה	ק
כ	נ	ס	ר	ר	ע	ת	ו	נ	ש	ל	ב	ב	א	י
ח	ר	ט	ל	מ	כ	ש	נ	ס	צ	ה	ו	י	י	נ
ה	י	ג	ו	ל	ו	א	ו	ז	ד	ח	ט	ו	מ	ס
מ	ב	ם	ב	מ	ן	ד	ו	ת	נ	ס	נ	ל	ו	י
א	ע	ן	ת	נ	י	ל	י	ל	ע	ט	י	ו	נ	ו
כ	י	מ	י	ה	ח	ה	ס	נ	ו	ש	ק	ג	ו	ל
ן	ה	י	ג	ו	ל	ר	נ	י	מ	ג	ה	י	ל	ו
פ	ס	י	כ	ו	ל	ו	ג	י	ה	י	י	ה	ו	ג
כ	ה	ת	ב	י	ו	כ	י	מ	י	ה	ק	ה	ג	י
א	ק	ו	ל	ו	ג	י	ה	ט	ר	ק	ף	ה	י	ה
א	ס	ט	ר	ו	נ	ו	מ	י	ה	י	ח	ע	ה	ח
ס	ו	צ	י	ו	ל	ו	ג	י	ה	נ	ח	מ	ב	ל
נ	ו	י	ר	ו	ל	ו	ג	י	ה	כ	צ	צ	ל	ג
ג	י	א	ו	ל	ו	ג	י	ה	פ	מ	ם	פ	ס	ף

אנטומיה
ארכאולוגיה
אסטרונומיה
ביוכימיה
ביולוגיה
בוטניקה
כימיה
אקולוגיה
גיאולוגיה
אימונולוגיה

קינסיולוגיה
בלשנות
מכניקה
מינרלוגיה
נוירולוגיה
פיזיולוגיה
פסיכולוגיה
סוציולוגיה
תרמודינמיקה
זואולוגיה

32 - Beauty

נ	פ	ן	ר	ף	ל	ב	ח	ש	א	כ	א	ף	ר	ר
א	ס	מ	ד	ר	ב	צ	ע	מ	י	ה	ת	ל	ן	פ
ת	ף	נ	א	צ	ע	פ	ב	ו	א	ר	ו	ע	ב	צ
ט	ם	ם	ח	ו	ח	י	נ	צ	ל	ק	ו	פ	מ	ש
א	ל	ג	נ	ט	י	ו	ת	ר	ג	ס	א	ת	ה	ב
ת	נ	ב	ח	ב	ר	ק	ע	י	נ	מ	י	ל	י	ט
פ	ל	נ	נ	ד	פ	ו	ס	ם	ט	ת	פ	פ	ס	ם
ג	כ	ת	ב	כ	פ	ס	ש	ש	י	ה	ו	ן	ח	ס
פ	ל	ש	ל	א	ד	מ	ם	ג	מ	ח	ר	ף	ד	ק
ו	ח	נ	ס	י	א	ט	ע	ף	ף	נ	ף	ס	ן	ם
ט	ה	ף	ב	ף	ם	י	מ	פ	א	מ	י	ט	ס	ס
ו	ש	פ	ת	ו	ן	ק	ר	ם	ד	ב	נ	ם	ף	ד
ג	ר	כ	ש	ב	ב	ה	א	ע	ג	כ	ט	ף	צ	ה
נ	ב	ד	ע	ם	ח	פ	ה	מ	ס	פ	ר	י	י	ם
י	מ	ת	ח	א	כ	מ	ל	צ	ע	ם	ב	ן	ף	מ

קסם
צבע
קוסמטיקה
תלתלים
אלגנטיות
אלגנטי
ניחוח
שפתון
איפור
מסקרה

מראה
שמנים
פוטוגני
מוצרים
ריח
מספריים
שירותים
שמפו
עור
מעצב

33 - Clothes

ס	ש	כ	א	ה	כ	ה	ם	נ	ל	ח	ו	ל	צ	ה
י	ר	ד	ו	ו	ס	ל	ס	כ	ף	ג	ס	ם	כ	א
נ	ש	ת	ג	ח	ן	ת	ף	ט	ד	כ	צ	ג	ש	ה
ר	ר	ח	ט	ש	ר	ס	ג	ע	ע	צ	ש	ל	ר	ג
כ	ת	ג	ת	ר	ט	ש	ת	ר	מ	פ	י	ג	מ	ה
פ	ם	ר	ש	כ	ח	כ	ג	א	ב	ת	ש	ב	מ	נ
פ	ס	צ	ב	כ	ן	מ	ם	ר	ף	י	פ	ח	כ	פ
ו	ל	ה	ש	ש	מ	נ	ה	ס	צ	א	י	א	נ	ו
ת	ט	י	נ	ב	ם	ל	ב	צ	פ	צ	ם	ם	ס	א
ע	ג	ף	ע	ס	ש	ח	א	מ	צ	ח	י	ס	י	ן
ג	ה	ה	ל	מ	ש	ס	נ	י	ג	ע	ט	ט	י	ד
ף	ם	א	ח	כ	ם	י	ל	ד	נ	ס	י	ת	ם	ש
נ	ן	ה	ר	ו	ג	ח	ף	ג	ר	ע	ש	ף	ה	ח
ת	ת	ף	ת	ב	צ	ש	ם	ת	ה	ר	כ	ל	ה	פ
ף	ן	צ	ב	ע	ס	ח	ר	צ	ן	ג	ת	ג	כ	ד

סינר
חגורה
צמיד
מעיל
שמלה
אופנה
כפפות
כובע
ג'ינס
תכשיטים

שרשרת
פיג'מה
מכנסיים
סנדלים
צעיף
חולצה
נעל
חצאית
גרביים
סוודר

34 - Ethics

ש	ל	ר	ר	נ	ע	ה	ה	ש	ם	י	כ	ר	ע	ג
י	ם	ם	ד	ל	מ	ה	י	ש	ד	א	ס	ב	ת	כ
ת	ו	י	ש	ע	מ	ט	פ	מ	י	ו	ו	י	ו	ת
ו	ש	ה	א	נ	ו	ש	ו	ת	פ	פ	ב	ד	י	ד
ף	ח	פ	ס	ט	נ	ת	ס	ו	ל	ט	ל	נ	ל	ל
פ	ב	ג	מ	ם	ש	ת	ו	נ	ו	י	נ	ס	נ	צ
ע	מ	י	ם	א	ע	ב	ל	ל	מ	מ	ו	פ	ו	א
ו	ס	א	ו	ח	א	ש	י	ב	ט	י	ת	א	י	מ
ל	פ	ב	מ	ש	צ	א	פ	ס	י	ו	ף	ע	צ	א
ה	ל	מ	ח	ד	ר	י	ב	ס	פ	ת	ח	ס	ר	נ
מ	ח	ף	כ	ף	ב	ה	ף	ג	ד	ה	צ	ס	ר	ת
ב	מ	ד	י	ו	ש	ר	ת	ל	ה	ת	ט	ש	ד	ח
ו	ן	ג	נ	כ	ט	ן	ב	ן	ן	ל	א	ת	ח	ה
ח	כ	ה	א	ם	כ	נ	ב	ט	מ	ש	פ	ש	ס	ט
א	ל	ט	ר	ו	א	י	ז	ם	ף	פ	ה	מ	נ	ש

אלטרואיזם
נדיב
חמלה
שיתוף פעולה
כבוד
דיפלומטי
יושר
האנושות
יושרה
חסד

אופטימיות
סבלנות
פילוסופיה
רציונליות
מעשיות
סביר
סובלנות
ערכים
חוכמה

35 - Astronomy

ש	ט	ו	א	נ	ו	ר	ט	ס	א	ת	ב	ר	ר	ת
ס	ו	מ	ס	ו	ק	ק	ל	נ	ן	כ	פ	ק	ק	ם
כ	ד	ו	ר	ה	א	ר	ץ	ח	ב	ל	נ	ט	י	ה
מ	ה	ס	ם	ג	ש	י	ד	ף	ם	ב	פ	ה	ע	נ
ט	ר	מ	י	ל	ל	נ	ם	ש	ח	כ	ב	צ	ה	ר
א	ש	ר	כ	ק	ו	ה	ם	ו	נ	ו	ר	ט	ס	א
ו	ח	ג	מ	ס	ו	ה	א	ל	נ	כ	ב	ה	כ	ה
ר	ם	נ	ד	י	י	ס	ה	ר	א	כ	ן	ב	מ	ס
ע	ן	ד	ת	ה	י	ט	פ	ט	ח	א	ף	צ	ה	ב
ש	ו	ו	י	ו	ן	ו	ה	ם	ב	ט	פ	פ	ע	ה
ב	צ	ם	ל	ף	ס	צ	נ	ג	ד	ה	מ	ס	ר	מ
ה	כ	א	י	פ	ן	א	ה	מ	ח	י	ו	ק	י	ל
ן	ע	ש	פ	ע	ת	ו	ל	ז	מ	ה	ל	ג	ל	ג
ב	ר	ל	ר	ם	י	ב	כ	ו	כ	ת	צ	ו	ב	ק
ב	ס	צ	ע	ב	ת	ד	י	א	ו	ר	ט	ס	א	ם

אסטרואיד
אסטרונאוט
אסטרונום
קבוצת כוכבים
קוסמוס
כדור הארץ
ליקוי חמה
שוויון
גלקסיה
מטאור

ירח
ערפילית
המצפה
כוכב לכת
קרינה
רקטה
לוויין
רקיע
סופרנובה
גלגל המזלות

36 - Health and Wellness #2

מ ה ן ט ע פ א ש ה י ג ר נ א א
א נ ט ו מ י ה י ר ו ל ק ס ח ב
ר ס ת ם ב ת ש כ ה כ ם ט ן ח ס
מ ה י ג י י נ ה ט א י ד ג מ ה
פ נ א א א ע ר ז ב נ ל ד ש ל ת
ע ו ב ט ה ת י י ב ש ו ת ט ב ט
י ז ו ף נ ה פ ר ת כ ח ף ש ח ל
ס ת ן ם ו ל ן ם נ ה י ג ר ל א
ו ף י ם ל ד ר ם י ל ו ח ת י ב
י ף מ פ ש ה ט ד ה ל ג נ ר ד ן
ם ט ט ר ו ז ח ש ח ס ל ב מ ט א
ב ח י נ ף ד ג ץ ע ט ל פ ט מ צ
צ נ ו פ ב ם א ע ן ה ק י ט נ ג
ף ר צ ד פ ת ט ע ר ש ש ל מ מ ר
ס נ ח ן ד ה ט ף א ב מ ף ג ר ד

אלרגיה
אנטומיה
תיאבון
דם
קלוריה
התייבשות
דיאטה
חולי
אנרגיה
גנטיקה

בריא
בית חולים
היגיינה
זיהום
עיסוי
תזונה
שחזור
לחץ
ויטמין
משקל

37 - Disease

ב	ר	י	א	ו	ת	ח	ן	ד	א	ט	ט	ג	ם	ת
ש	ן	ר	ס	ו	ס	ו	ן	י	ק	ד	י	י	ח	ו
ם	ם	ה	ם	ב	מ	ס	מ	ף	ס	ט	פ	פ	ם	ר
ן	ש	ח	ס	י	נ	ו	ת	צ	צ	פ	ו	ה	ג	ש
ף	ס	ס	ג	נ	ח	ב	ת	צ	ע	ת	ל	ע	ם	ת
ח	צ	ת	פ	ו	ם	ה	ג	ל	כ	ח	ף	ש	ש	י
ם	ס	ט	ה	ר	ל	ש	ק	ב	ד	מ	ע	ן	ן	ב
פ	ם	ס	פ	כ	צ	ר	ע	א	כ	ע	פ	ט	נ	מ
ב	ס	י	ב	ט	ן	ח	ע	ת	ק	ל	ד	מ	ד	כ
ט	ר	ה	נ	ג	ת	י	ט	נ	ג	מ	א	ס	ד	ע
נ	ל	ג	ף	ג	ו	ף	ם	ו	צ	ג	ו	פ	צ	פ
ח	ל	ש	מ	פ	ו	ל	ס	מ	ד	ט	א	ת	ח	צ
נ	ש	י	מ	ה	ד	ת	א	ס	ד	ס	מ	מ	נ	ת
ם	א	נ	ו	י	ר	ו	פ	ת	י	ה	ן	ח	ב	י
מ	ב	ה	א	ל	ר	ג	י	ו	ת	צ	ב	כ	נ	כ

בטן
אלרגיות
חיידקי
גוף
עצמות
כרוני
מדבק
גנטי
בריאות
לב

תורשתי
חסינות
דלקת
מותני
נוירופתיה
פתוגנים
נשימה
תסמונת
טיפול
חלש

38 - Time

נ	ן	צ	מ	ם	ל	פ	ס	ן	ח	א	ש	ת	ן	ב
ה	נ	ש	ח	ו	ל	ש	ע	ו	ן	צ	כ	כ	ח	צ
א	ה	ל	ג	ג	ן	ח	ד	ם	ט	ן	ם	פ	ג	ם
מ	ח	ש	ם	ש	ב	ש	ה	י	ו	ם	ו	י	נ	ן
ע	ן	ע	כ	נ	ו	נ	נ	י	ה	ל	ה	ל	י	ל
ר	ם	ה	ל	ת	ק	ט	ש	ר	ג	ה	ק	ד	נ	א
נ	צ	נ	ע	י	ר	ת	צ	ה	ש	ב	ו	ר	ק	ב
ף	ן	ד	ף	צ	ט	ה	ע	צ	ס	ו	י	ש	כ	ע
צ	מ	ש	ע	פ	ל	מ	נ	ן	ח	ע	ד	כ	ג	ו
כ	ו	ג	ב	פ	כ	ע	ן	ר	ב	ם	ף	ה	ט	ב
נ	ק	ן	נ	ד	ש	ט	ח	כ	פ	פ	ן	א	א	ש
ע	ד	י	מ	ו	ת	ע	ף	ש	ס	ן	ח	ד	ג	ף
ת	ם	ף	ר	ף	פ	מ	צ	ש	ס	ל	ה	ם	ל	ה
י	ל	ח	ה	כ	ל	ע	ג	ר	ן	מ	ן	ב	ש	ע
ד	ן	ר	ש	ג	ח	פ	נ	ג	נ	ף	ב	צ	ח	ג

דקה
חודש
בוקר
לילה
צהריים
עכשיו
בקרוב
היום
שבוע
שנה

שנתי
לפני
לוח שנה
מאה
שעון
יום
עשור
מוקדם
עתיד
שעה

39 - Buildings

ט	ם	ף	ש	ש	ה	ד	ב	ע	מ	ד	ג	ב	ע	ק
ק	י	ב	א	ג	ו	ר	ב	ב	ב	א	ב	ת	ג	ו
ר	ל	ר	ב	ר	ס	ס	י	י	ע	ר	ט	ה	ע	ל
מ	ו	ע	ה	י	ט	פ	נ	ד	ת	ס	ל	ט	א	נ
ר	ח	ד	נ	ר	ל	ד	ג	מ	ל	ס	ב	י	ח	ו
פ	ת	ש	ן	ו	ל	מ	ג	ב	ד	כ	פ	ס	פ	ע
ו	י	א	ר	ת	פ	ה	ש	א	א	ס	ם	ר	כ	כ
ס	ב	ח	נ	מ	ף	מ	כ	ג	ח	א	כ	ב	ר	ג
ף	ג	ם	ת	כ	כ	צ	ח	ר	פ	נ	צ	י	ש	נ
ט	ה	צ	א	ת	ח	פ	פ	ן	א	מ	ש	נ	ד	ט
מ	צ	נ	ו	ד	ן	ה	ט	ג	מ	פ	ע	ו	ב	ח
ש	ת	ר	ה	נ	ס	כ	ף	ל	א	ע	נ	א	ט	ח
ב	מ	ע	ל	כ	פ	א	ט	ב	ם	ל	ה	ד	א	ר
מ	ו	ז	י	א	ו	ן	ו	י	ד	ט	צ	א	נ	ף
ס	ד	ן	ע	ט	ם	ת	י	א	ט	ר	ו	ן	ח	ת

דירה
אסם
תא
טירה
קולנוע
שגרירות
מפעל
בית חולים
הוסטל
מלון

מעבדה
מוזיאון
המצפה
בית ספר
אצטדיון
סופרמרקט
אוהל
תיאטרון
מגדל
אוניברסיטה

40 - Herbalism

ל א ח ש ג ש ה ב ת נ ת ן ש נ מ
פ ו ל ב ח ד א פ ת ג כ ה ח ת ם
ח ר ש ת ד ט כ ח ל מ ם ר ה ם צ
א ג ן ר ו י מ נ נ ף ב ל ב ד ד
ר נ ח ט מ ה ג צ ח ף ל ב נ ד ר
ו ו י ע פ ק ו ל י נ ר י ר ו ק
מ ת ר ב י כ ר מ ן ע ת ל ז מ ט
ט כ כ ן ר ס צ ח ע פ א מ ס ע ב
י ן ש ן פ ת ף ש ו מ ר ד ם ח ס
ן כ צ ר ס ט מ ו ע י ל ר ו ד ן
ף ה ח מ ז ע פ ר ן ט ש א ש פ ג
ש מ ב נ ח מ צ כ ג מ ן ו ג ר ט
ב ש א ט ט ל ה י ל י ז ו ר ט פ
ל ח כ ה ה ה פ א ה ף מ כ ר ב ם
ף ד מ כ ר ם כ ם ב ג ג ד ל ת מ

מרכיב
לבנדר
מיורן
מנטה
אורגנו
פטרוזיליה
צמח
רוזמרין
זעפרן
טרגון

ארומטי
ריחן
מועיל
קולינרי
שומר
טעם
פרח
גן
שום
ירוק

41 - Vehicles

ר	כ	ד	א	ר	מ	ת	ס	כ	ח	ס	ש	ט	ר	ע
ש	מ	ל	מ	פ	נ	ו	ד	י	ר	ח	פ	ב	כ	צ
ל	א	ע	ב	ס	ב	מ	נ	ם	ר	א	ע	ג	ב	ו
נ	ן	א	ו	ו	ה	ק	ב	י	ג	ה	ן	מ	ת	ל
מ	כ	צ	ל	ד	ה	ש	ש	ג	ת	ע	ע	ע	ת	ל
א	כ	ת	נ	ה	צ	ל	ן	י	מ	ט	ו	ס	ח	ת
ו	ת	ו	ס	מ	ס	ו	ק	מ	ט	ש	ב	ו	ת	י
פ	ח	ס	נ	ר	ק	ט	ה	צ	ר	ם	ם	ב	י	א
נ	ה	ל	ט	י	כ	א	נ	ש	ק	ג	ם	ו	ת	ש
י	ס	א	ר	ש	ת	ח	ב	ג	ט	ה	ם	ט	ר	מ
י	ע	נ	צ	ב	ן	ד	ף	ס	ו	ף	ש	ו	ו	נ
ם	ו	ף	ק	ט	נ	ו	ע	ת	ר	פ	ס	א	ב	ו
ת	ת	ח	ה	מ	ח	ש	ה	פ	ר	ל	פ	נ	ע	ע
ר	ש	ן	ד	ת	ש	ה	ט	ס	ח	ט	ב	ב	מ	ל
ת	ב	כ	ס	ג	ה	ג	צ	ג	ם	מ	א	צ	ן	ף

מטוס
אמבולנס
אופניים
סירה
אוטובוס
מכונית
קרוואן
מעבורת
מסוק
מנוע

רפסודה
רקטה
קטנוע
הסעות
צוללת
רכבת תחתית
מונית
צמיגים
טרקטור
משאית

42 - Flowers

ס	צ	ב	ע	ו	נ	י	ח	ס	ד	י	י	ז	י	ג
ם	ח	ם	מ	ע	ט	נ	א	ר	ן	ש	ו	ש	ה	ר
ל	ט	ל	מ	צ	ל	ה	י	ב	י	ס	ק	ו	ס	ד
ב	מ	ד	ב	מ	ס	י	ח	ה	מ	נ	ט	נ	ן	נ
נ	ן	ב	ח	ש	ר	צ	כ	ר	ס	ש	ב	מ	ל	י
ד	ף	ן	ד	מ	ב	ש	ם	ו	י	ם	א	א	מ	ה
ר	ן	כ	ה	ז	נ	ה	ס	ל	ת	ף	ן	ד	ן	צ
ג	נ	ג	כ	ר	ל	י	נ	פ	מ	ר	ס	מ	ת	ן
ע	צ	ב	ם	ד	ת	ל	ת	י	נ	ט	ת	ו	א	ג
ג	ף	ת	ל	ת	ן	ו	ד	ס	מ	מ	ע	נ	פ	ט
ג	צ	ב	צ	ח	ף	נ	ו	פ	נ	ם	ס	י	ש	ס
ש	ן	ה	א	ר	י	ג	ר	פ	כ	ג	פ	ת	ה	ל
ב	ש	ש	נ	ע	ף	מ	ד	נ	נ	ר	ק	י	ס	י
ח	מ	נ	ה	כ	ג	ם	ל	ג	ע	מ	א	ד	ר	ל
צ	מ	מ	ף	ה	ס	נ	ח	ב	ף	פ	ג	ד	ח	ך

שושן
מגנוליה
סחלב
פסיפלורה
אדמונית
עלי כותרת
פרג
ורד
חמנית
צבעוני

זר
תלתן
נרקיס
דייזי
שן הארי
גרדניה
היביסקוס
יסמין
לבנדר
לילך

43 - Health and Wellness #1

ב	ג	ה	צ	ד	ת	כ	ג	ר	ה	א	פ	ר	מ	ט
ע	י	ד	ו	ק	ט	ו	ר	ת	ו	מ	צ	ע	ש	ן
ך	נ	ת	ש	ב	ר	ר	ד	א	ר	ם	ה	ש	ש	צ
ח	ר	א	מ	ם	ן	ב	ת	ד	מ	ג	נ	פ	מ	ר
ר	י	פ	ט	ר	ג	ף	ד	ע	ו	ר	ת	ר	ף	כ
ם	ת	י	ו	מ	ק	ח	א	צ	נ	ע	פ	ה	ה	פ
א	ט	א	ד	א	ן	ח	ת	ב	י	ו	צ	ח	ש	ח
ס	ר	ש	מ	ק	ה	פ	ת	י	ם	ר	י	ג	ש	נ
ה	כ	ע	ד	ף	י	ג	נ	ם	ב	ר	ע	מ	מ	ש
ר	ן	ד	ד	ג	ן	ם	ת	ס	נ	ד	ה	ה	ס	ח
ש	ם	ר	ס	א	צ	ט	ט	כ	ר	ג	ו	ב	ה	ש
ף	מ	ב	ה	ר	ג	ל	ו	פ	י	ט	ג	ס	י	ל
ר	פ	ל	ק	ס	ם	י	ר	י	ר	ש	ע	ש	פ	נ
ל	צ	ס	ע	ל	ד	ע	ח	א	ג	ט	ן	ת	ר	ר
ט	ס	ה	מ	פ	ס	פ	ר	ה	ט	ס	ה	ב	ה	ד

פציעה
רפואה
שרירים
עצבים
בית מרקחת
רפלקס
הרפיה
עור
טיפול
נגיף

פעיל
חיידקים
עצמות
מרפאה
דוקטור
שבר
הרגל
גובה
הורמונים
רעב

44 - Town

פ	פ	ק	ה	ם	ל	ג	ג	ס	צ	ם	ט	ט	פ	ס
ג	צ	ן	ו	י	ד	ט	צ	א	ף	ג	ל	ע	ל	ף
ם	ם	ו	כ	ל	ג	מ	ם	ד	ש	ל	ש	ף	כ	ר
ף	י	ל	ה	ח	נ	ן	ס	ב	צ	ר	ר	ח	ע	מ
ג	ר	מ	ט	ס	פ	ו	ת	ל	נ	י	כ	פ	ל	ם
ס	פ	ר	י	ה	ר	ר	ע	ש	ל	ה	א	ע	ד	נ
ר	ס	כ	ס	א	ח	ט	ע	ד	ב	י	ת	ס	פ	ר
כ	ת	ה	ר	פ	י	א	ט	ה	ם	י	ח	ש	ו	ק
ג	ו	ס	ב	ר	ם	י	מ	ת	ה	פ	ק	צ	ר	ף
ט	נ	ף	י	מ	ח	ת	כ	ע	ג	א	ר	פ	ח	ב
ח	ח	ט	נ	ג	מ	ף	ת	ו	ן	מ	מ	כ	נ	כ
ס	ס	ע	ו	ג	ה	ה	ד	פ	ח	ף	ת	ן	ו	ס
מ	ן	ו	א	י	ז	ו	מ	ה	י	ג	י	כ	ת	פ
ס	ו	פ	ר	מ	ר	ק	ט	פ	ו	ף	ב	ן	ה	ת
פ	ג	ם	כ	ב	נ	ק	ף	ע	ת	ח	ח	ד	ת	ס

שוק
מוזיאון
בית מרקחת
בית ספר
אצטדיון
חנות
סופרמרקט
תיאטרון
אוניברסיטה
גן חיות

שדה תעופה
מאפייה
בנק
חנות ספרים
קולנוע
מרפאה
פרחים
גלריה
מלון
ספריה

45 - Antarctica

מ	צ	ף	מ	ע	ר	א	פ	ק	ר	ח	צ	צ	צ	ב
נ	מ	ק	ד	ה	ט	ש	נ	נ	ם	ו	י	ן	ח	צ
א	ד	ר	ל	ת	פ	ס	ט	כ	צ	ק	פ	ב	מ	כ
ר	ף	ח	ת	ד	ר	ה	פ	ם	ח	ר	ו	ע	ח	ט
ת	ב	ו	א	ט	ו	א	מ	צ	ל	ן	ר	מ	ש	מ
ג	י	נ	ד	ן	ק	ע	י	מ	ד	ע	י	פ	ד	פ
צ	ב	י	ל	ה	י	ה	ה	ש	כ	כ	ם	ר	ט	ר
ד	ש	ם	ג	מ	א	ב	פ	נ	ל	ן	י	ץ	פ	ט
כ	ת	י	ב	י	ב	י	מ	ה	צ	ה	י	ד	מ	ו
ן	ר	א	ש	פ	ע	ב	ה	פ	ע	ח	א	י	צ	ר
ה	ר	ו	מ	י	ש	ס	ב	ס	ד	ס	נ	ן	ל	ה
פ	ף	ה	י	פ	ר	ג	א	ו	ג	ר	ש	ד	ס	ן
ח	כ	ם	ם	ן	ר	ב	מ	ש	ל	ח	ת	ד	ה	ב
ח	ט	ו	פ	ו	ג	ר	פ	י	ה	ג	ה	ם	י	מ
כ	ח	ת	ף	ן	ם	ה	ם	ד	צ	ם	י	נ	נ	ע

איים	מפרץ
הגירה	ציפורים
מינרלים	עננים
חצי האי	שימור
חוקר	יבשת
רוקי	סביבה
מדעי	משלחת
טמפרטורה	גאוגרפיה
טופוגרפיה	קרחונים
מים	קרח

46 - Ballet

ב	ם	ש	פ	ע	ה	ס	כ	ת	כ	מ	פ	פ	ג	ל
ט	ט	ס	א	ע	ה	ב	ג	כ	י	ת	ח	ז	ר	ה
כ	כ	ג	כ	ם	ר	נ	ם	נ	ת	ר	ו	מ	ז	ת
נ	ר	ש	ע	נ	ם	נ	ם	ת	ו	נ	מ	ו	י	מ
י	ר	ט	ן	ן	ף	ע	ט	ס	נ	ן	ף	ב	ש	ב
ק	כ	ם	ד	ח	ת	ת	ן	ן	מ	ת	ג	ה	כ	ה
ה	פ	נ	ה	י	פ	ר	ג	ו	א	י	ר	ו	כ	א
ל	ח	ב	ט	ם	י	ר	ו	ע	י	ש	ש	ו	ס	ע
כ	ם	ג	ם	י	נ	נ	י	ח	ן	ף	א	ח	ר	מ
ח	ג	ב	ש	נ	ע	א	ה	ק	י	ז	ו	מ	ט	ב
פ	צ	ף	צ	ד	ב	ע	ף	כ	ח	כ	ע	נ	ס	י
ג	ם	ם	ש	ק	ת	ר	ג	ו	ל	ם	נ	ע	ו	ע
ל	ף	ע	ה	ר	ה	ע	ו	צ	מ	ת	ת	צ	ל	ג
א	ת	ג	ה	ד	ף	ל	ש	ר	י	ר	י	ם	ו	ב
ג	ש	א	א	ג	ח	פ	ם	ש	ה	ד	א	א	פ	פ

אמנותי
קהל
כוריאוגרפיה
מלחין
רקדנים
מביע
מחווה
חינני
עוצמת
שיעורים

שרירים
מוזיקה
תזמורת
תרגול
חזרה
קצב
מיומנות
סולו
סגנון
טכניקה

47 - Fashion

ת	פ	נ	ל	מ	ר	ד	ש	ת	כ	ד	ד	ה	מ	מ
ש	ת	ת	ת	ד	מ	צ	ף	ר	ל	נ	ת	ל	ר	ו
מ	ס	ח	ח	ף	ם	נ	ע	ת	י	ק	ר	ה	ק	ד
ת	א	ג	ו	ר	ב	ו	ן	ב	כ	ן	ב	ד	ם	ר
ו	ע	פ	נ	צ	ה	ע	ס	נ	ן	ה	ט	א	ה	נ
ח	ח	ט	ב	ם	ע	ם	ג	י	ט	נ	ג	ל	א	י
ב	ב	ת	ה	י	ן	ט	נ	ת	ט	ו	ב	ס	ת	ט
ם	נ	ד	ר	נ	ש	צ	ו	ד	ן	ע	ש	מ	מ	ס
ש	ם	ל	ה	צ	ע	ע	ן	כ	ה	מ	ב	פ	ק	י
ר	ט	ן	כ	ח	ר	ק	מ	ה	מ	ג	מ	ע	ו	ל
ן	ס	ף	ל	ל	מ	פ	ש	ל	ף	ד	צ	ב	ר	מ
ט	נ	ר	ש	מ	ם	ר	א	מ	נ	ף	נ	ס	י	י
מ	י	ד	ו	ת	ב	ו	ט	י	ק	ם	פ	כ	צ	נ
ה	ל	ת	ם	מ	צ	א	צ	ה	ד	פ	ש	א	ם	י
ד	ש	ל	ן	ת	צ	ר	ל	ע	ר	פ	צ	א	ב	מ

בוטיק
לחצנים
נוח
אלגנטי
רקמה
יקר
בד
תחרה
מידות
מינימליסטי

מודרני
צנוע
מקורי
תבנית
מעשי
פשוט
מתוחכם
סגנון
מרקם
מגמה

48 - Human Body

ק	פ	ר	מ	ח	צ	כ	ף	ם	פ	ל	ה	ת	ן	מ
ך	ר	ב	ש	פ	צ	ח	ע	נ	נ	ע	ו	ר	ט	ו
ס	כ	ס	כ	ת	ף	ש	ס	ן	י	ר	ן	ה	ף	ח
פ	כ	ג	ו	ס	כ	א	צ	א	ם	א	א	נ	ג	ח
ט	ח	ר	ש	ל	ג	ר	כ	ר	ש	ו	ר	מ	ש	נ
ג	ת	כ	ם	ג	ג	ן	ט	ר	ל	ז	ס	א	ד	ף
ס	נ	ט	ר	מ	צ	ב	ג	ג	ת	ן	ן	כ	פ	ג
ח	א	ג	ף	כ	ל	פ	ד	צ	ם	ן	ג	ט	צ	כ
ל	ם	א	ף	כ	ב	ת	ט	ח	ג	ד	ם	פ	ס	ה
כ	ט	ת	ת	צ	פ	צ	פ	ן	ג	מ	ל	ר	ח	צ
ע	צ	מ	ו	ת	ו	מ	ס	פ	ל	צ	מ	כ	נ	א
ד	ד	ה	כ	ם	ח	ו	ח	פ	ה	ב	א	פ	ח	צ
ה	ת	ב	ת	ח	ט	ם	א	ע	ב	ל	ט	ד	י	ב
ל	ב	ר	ש	ד	ב	ה	א	ר	ד	ד	מ	ם	ם	ע
ב	נ	נ	ח	ט	ד	ת	ר	ל	ה	ן	ל	ם	מ	ח

קרסול
דם
עצמות
מוח
סנטר
אוזן
מרפק
פנים
אצבע
יד

ראש
לב
לסת
ברך
רגל
פה
צוואר
אף
כתף
עור

49 - Musical Instruments

ס	פ	כ	מ	ח	ד	פ	ט	ב	פ	ה	ק	צ	ל	ו
ק	כ	ב	ף	ט	א	ף	א	ס	ס	ד	ל	פ	ד	ג
ס	ס	ר	ה	ר	צ	ו	צ	ח	נ	נ	ר	ב	ה	ד
ו	ל	ג	נ	ו	ג	ת	ן	ת	ת	ע	י	כ	ש	נ
פ	ם	י	ר	מ	ף	ו	ת	נ	ר	פ	נ	מ	ש	כ
ו	מ	ר	ה	ב	מ	י	ר	מ	ב	מ	ט	כ	ג	כ
ן	ק	ם	ר	ו	ת	ב	נ	ג	ו	ח	ם	ס	ט	מ
ף	ל	ה	ט	ן	ל	ף	ח	כ	ח	ד	ל	ן	ד	נ
ט	ו	ת	י	ח	ו	פ	מ	ע	י	ה	ג	י	ח	ד
צ	ת	ב	ג	ס	ם	ס	נ	ב	ל	נ	ן	ה	ל	ו
נ	ת	א	ג	פ	ח	ש	ב	ל	ר	פ	ו	ט	נ	ל
מ	י	ב	ס	נ	ב	ת	ם	ר	ש	ש	ח	ר	כ	י
א	פ	ו	פ	ם	ג	כ	ס	צ	כ	ש	ט	כ	ף	נ
כ	ו	ב	ד	ם	ר	כ	ה	ד	ג	כ	ף	ג	ש	ה
ת	ף	ת	ה	א	ת	ד	נ	ל	ע	ס	ט	נ	ר	ר

בנג'ו
בסון
צ'לו
קלרינט
תוף
מקלות תיפוף
חליל
גונג
גיטרה
מפוחית

נבל
מנדולינה
מרימבה
אבוב
פסנתר
סקסופון
תוף מרים
טרומבון
חצוצרה
כינור

50 - Fruit

ח	ו	פ	ת	ה	מ	צ	ש	מ	ה	ס	ה	ל	ב	צ
ג	ד	ח	ר	נ	ל	א	ד	ש	ה	ס	י	ט	ש	ן
ק	י	ו	ו	י	נ	ש	ב	מ	ע	מ	א	פ	ם	כ
נ	פ	ר	ר	ר	ג	ס	ד	ש	ו	צ	פ	ח	ר	ס
ח	ח	ר	ח	ט	ה	ג	פ	ן	ה	ו	פ	נ	ע	ף
א	פ	ר	ס	ק	א	א	ד	ו	ב	ד	ב	ן	ן	ד
נ	צ	ה	נ	נ	ב	ע	ר	ל	א	ק	ס	ש	צ	כ
נ	ת	ה	מ	נ	מ	ד	ש	מ	י	ו	ר	ב	ח	ש
ע	א	ת	ח	נ	ל	ר	ג	ל	ו	ב	ת	כ	פ	כ
מ	נ	מ	ג	ת	ף	פ	כ	ר	ג	א	ט	צ	ה	ה
ם	נ	ו	א	ם	ע	ח	ה	ל	ד	ס	ו	ק	ו	ק
ד	ס	נ	א	ם	ף	ב	א	מ	נ	א	מ	ת	ה	ס
ה	ה	ת	ן	ת	ט	ר	כ	ד	מ	כ	ע	מ	ף	ף
ף	צ	ף	נ	נ	ם	י	ש	ע	כ	ע	ס	ף	פ	ף
ת	כ	א	ב	פ	ר	נ	נ	ה	ד	ט	ה	ר	ח	ל

תפוח
משמש
אבוקדו
בננה
ברי
דובדבן
קוקוס
תאנה
גפן
גויאבה

קיווי
לימון
מנגו
מלון
נקטרינה
פפאיה
אפרסק
אגס
אננס
פטל

51 - Engineering

ף	כ	ן	מ	ס	ל	ס	ה	צ	א	ף	ע	ו	מ	ק
ס	א	ח	ג	ה	פ	ג	מ	ב	נ	ה	ס	ש	ו	מ
ל	ר	ן	כ	ב	ט	ם	צ	ף	כ	ד	ת	ט	ח	נ
א	ט	ג	ט	ט	ד	ל	פ	ה	צ	י	ר	א	ף	ו
ש	ה	ף	ל	צ	ב	ש	ף	ח	ף	ד	ד	מ	מ	ע
א	ש	ס	ת	פ	ם	ב	ג	מ	ד	מ	צ	ב	נ	ט
ש	ח	ס	ן	ג	פ	ס	ב	נ	י	י	ה	כ	ו	ח
צ	פ	ס	א	נ	ד	י	ז	ל	ז	ו	נ	ן	פ	צ
ה	ע	נ	ה	ס	ת	ש	י	צ	י	ב	ו	ת	י	ר
י	ד	ף	נ	ר	ע	ש	ס	ד	ת	ח	כ	ל	ם	נ
ג	פ	ה	ש	ה	י	ל	ו	כ	י	ם	מ	ע	ר	כ
ר	צ	י	ר	צ	מ	ע	ש	ש	ו	ש	ע	מ	ר	ח
נ	ם	ת	ל	פ	ש	א	ו	ת	ו	ם	ר	ח	ע	ן
א	מ	ת	ר	ה	ט	ב	פ	ף	ז	נ	ד	ע	ט	ב
ד	ת	ן	ן	פ	צ	ף	ן	ן	צ	כ	צ	נ	ג	ן

הילוכים
מנופים
נוזל
מכונה
מדידה
מנוע
הנעה
יציבות
כוח
מבנה

זווית
ציר
חישוב
בנייה
עומק
תרשים
קוטר
דיזל
הפצה
אנרגיה

52 - Kitchen

מ	צ	ף	צ	ן	מ	מ	כ	ת	כ	צ	מ	ט	ת	ן
ף	ק	נ	ן	ר	ק	ק	ו	ל	ן	ד	ת	ם	ו	צ
ט	פ	ל	צ	ו	ר	פ	ס	ס	ף	ח	כ	ש	ג	ר
נ	צ	י	ו	נ	ר	י	ו	ג	ל	מ	ו	ש	ל	צ
ט	ג	ר	ג	ת	ת	א	ת	ד	ר	ר	ן	ו	ז	מ
ף	ב	ג	ח	י	א	ג	ר	א	ם	ל	נ	נ	מ	פ
כ	פ	ל	מ	פ	צ	כ	נ	ל	ט	ן	ת	ף	ל	ד
ח	ף	מ	ף	מ	ר	נ	י	ס	ס	פ	ו	ג	ב	ח
ת	ב	ל	י	נ	י	ם	א	ל	ד	ר	ג	ס	ס	ר
ו	ש	ו	ח	מ	ב	י	נ	ף	ה	ר	ע	ק	ד	ג
י	ש	כ	מ	כ	ח	נ	ף	ע	מ	ן	ח	ת	פ	ט
פ	ע	א	ח	ה	מ	י	ן	ת	ש	צ	א	ת	ם	נ
כ	ר	ל	א	ח	כ	כ	ש	צ	ב	ף	ש	נ	ע	ט
ן	ג	ף	ש	נ	צ	ס	ן	ל	ס	ע	ג	ב	מ	פ
ת	ל	ר	ק	ו	מ	ק	ו	ם	ן	צ	ה	כ	מ	נ

קומקום
סכינים
מפית
תנור
מתכון
מקרר
תבלינים
ספוג
כפיות
לאכול

סינר
קערה
מקלות אכילה
כוסות
מזון
מזלגות
מקפיא
גריל
צנצנת
כד

53 - Government

ש	א	ג	ת	ד	ש	ח	ע	ח	ו	ק	צ	ע	פ	מ
ע	ם	ם	א	ס	ו	י	ל	ש	ח	ב	ר	כ	ל	נ
ש	צ	ף	ס	ן	ו	א	נ	ד	ר	ט	ה	ג	ה	ף
י	ס	מ	ל	ב	י	ד	א	ד	ד	מ	א	ו	מ	ה
פ	ג	מ	א	מ	ו	ת	ת	ע	ל	י	ח	פ	כ	ק
ו	ם	ל	ף	ו	ן	ר	ה	א	צ	ש	ב	צ	מ	י
ט	מ	ש	צ	ן	ת	ו	ר	י	ח	ה	צ	ו	ח	ט
י	ש	ס	ש	צ	ו	ה	ת	נ	ג	ד	ו	ת	ר	י
ת	ח	מ	מ	ם	ח	ד	צ	ב	א	א	ג	ה	ן	ל
ש	ט	ל	ן	א	ר	ח	ש	צ	ב	צ	ד	ק	ר	ו
ס	ף	ל	ג	ס	ז	ף	מ	ש	פ	ט	י	ו	ר	פ
ש	צ	ר	ד	ד	א	א	ד	נ	כ	ר	נ	ח	ף	ד
ת	א	ף	ף	ד	צ	ח	ט	י	ל	נ	ן	נ	ט	ח
ד	מ	ו	ק	ר	ט	י	ה	מ	ו	ף	מ	כ	ב	ט
ש	א	ג	ח	ל	ט	ת	ל	כ	מ	ן	ע	ר	ש	ג

אזרחות
אדיב
חוקה
דמוקרטיה
דיון
התנגדות
שוויון
עצמאות
שיפוטי
צדק

חוק
משפטי
חירות
אנדרטה
אומה
שליו
פוליטיקה
דיבור
מצב
סמל

54 - Art Supplies

נ	ג	כ	ם	א	נ	ן	ע	ן	ן	מ	א	ש	א	מ
ן	ס	ש	ש	נ	א	נ	פ	ר	ת	ד	ב	נ	א	י
ש	נ	ס	ס	נ	י	י	ר	צ	ב	ע	י	מ	י	ם
כ	כ	כ	פ	ד	ד	י	ו	ר	ת	ן	ש	נ	ם	ח
ר	כ	א	ח	ד	ן	ד	נ	ת	ו	ש	ר	ב	מ	פ
צ	י	צ	י	ר	ת	י	ו	ת	ף	ד	ס	מ	נ	ב
ב	ר	ע	י	ו	נ	ו	ת	ס	ף	ב	מ	ה	ה	פ
ע	ו	נ	כ	ם	נ	פ	ס	ף	צ	ק	צ	פ	ס	ר
י	י	ה	ב	ע	כ	ק	ב	ט	ס	ם	ד	ט	ה	ב
ם	צ	ב	ג	מ	ג	ח	צ	ר	פ	ף	ל	ח	כ	מ
צ	ן	ד	ח	ח	כ	מ	ן	מ	ש	י	ר	ם	ם	ר
ש	כ	ל	ת	ח	צ	צ	ף	ל	ם	ס	פ	ט	ה	ד
ב	ב	ט	ב	ל	ה	ם	ק	י	ל	י	ר	ק	א	א
ס	ן	ד	מ	ג	ת	כ	ף	ת	כ	ף	צ	ר	ט	ב
ה	מ	ה	ח	ד	ד	ם	ה	ת	מ	מ	א	ס	י	כ

אקריליק
מברשות
מצלמה
כיסא
פחם
חרס
צבעים
יצירתיות
כן ציור
מחק

דבק
רעיונות
דיו
שמן
נייר
פסטלים
עפרונות
טבלה
מים
צבעי מים

55 - Science Fiction

ח	מ	ש	ד	כ	ה	ג	ע	ח	ג	א	ק	ץ	א	נ
ח	כ	כ	מ	ג	ל	ף	ר	ג	ן	ו	צ	ו	ג	ח
ס	פ	ר	י	ם	א	ו	ר	ק	ל	א	ט	צ	ל	ט
ר	ו	ב	ו	ט	י	ם	ד	נ	כ	ו	כ	י	ק	כ
ת	ד	ט	נ	ל	מ	כ	ו	י	פ	א	ע	פ	ס	נ
ע	ט	ף	י	ף	ס	ע	מ	י	ן	ש	ע	ם	י	ו
נ	א	ל	א	ש	ל	י	ה	ר	ם	ם	כ	כ	ה	ל
ל	צ	ף	ש	ם	ק	מ	י	ו	א	ע	נ	פ	ה	ו
כ	ו	כ	ב	ל	כ	ת	פ	ת	כ	ג	ס	צ	ף	ג
ם	ת	כ	י	ו	ל	א	ו	ס	ק	י	צ	ו	נ	י
ל	ה	ם	מ	ע	ן	ג	ט	מ	ת	נ	ל	ש	ן	ה
א	ם	א	ו	כ	ע	ט	ס	נ	ף	ד	ף	צ	ט	ף
י	ט	ס	ט	נ	פ	פ	י	ן	ס	י	ש	א	ש	א
ב	ט	כ	א	ט	ף	מ	ד	ד	ע	ת	פ	ט	ס	ל
ב	א	כ	ח	ס	ף	ג	פ	פ	א	ע	צ	ן	ן	ל

גלקסיה
אשליה
דמיוני
מסתורי
אורקל
כוכב לכת
רובוטים
טכנולוגיה
אוטופיה
עולם

אטומי
ספרים
כימיקלים
קולנוע
דיסטופיה
פיצוץ
קיצוני
פנטסטי
אש
עתידני

56 - Geometry

ש	ל	ו	ש	מ	ש	פ	ם	ר	ם	ם	ה	ן	ג	פ
ם	פ	ו	ש	ש	ג	ח	ש	ש	נ	ם	נ	צ	ם	ר
ד	ע	ט	ג	ת	ח	ש	ס	ת	ג	מ	ש	ר	ג	ו
ג	ב	ת	ח	י	מ	ד	מ	מ	ל	ף	כ	א	ש	פ
א	ב	ה	מ	ו	ק	ע	ס	מ	ש	ו	ו	א	ה	ו
מ	ס	פ	ר	ו	ג	ה	ה	כ	ט	א	ט	ט	י	ר
ש	ג	צ	ט	ז	ש	ו	ס	א	ח	ד	פ	ל	ר	צ
ד	ד	פ	ו	א	א	מ	ב	ח	צ	י	ו	ן	ו	י
נ	פ	ן	ק	א	ף	ע	ו	ה	מ	ש	ג	ג	א	ה
נ	ף	ש	ס	ת	ע	ט	ש	ה	ר	ע	כ	ח	י	נ
ד	ן	ס	י	מ	ט	ר	י	ה	ה	א	ג	ד	ת	ע
ת	ף	ה	ק	ף	ק	א	ח	ל	פ	ם	מ	ל	ט	ן
ר	ט	כ	פ	ן	מ	ש	ט	ח	כ	נ	ח	כ	פ	ח
ס	ג	ת	ו	ת	כ	ט	ת	ם	ד	ש	נ	ס	ס	ב
ש	ס	ר	א	ט	צ	ש	מ	ב	פ	מ	ק	ב	י	ל

זווית
חישוב
מעגל
עקומה
קוטר
ממד
משוואה
גובה
אופקי
לוגיקה

מסה
חציון
מספר
מקביל
פרופורציה
קטע
משטח
סימטריה
תיאוריה
משולש

57 - Creativity

ע	ט	ש	ס	ח	ם	ת	נ	מ	ל	ה	ג	ב	ת	כ
ש	ה	י	ת	ש	ס	ש	ם	ט	י	ה	ש	ר	א	ה
א	י	נ	ט	ו	א	י	צ	י	ה	ו	ת	ר	צ	ש
נ	ט	ט	ט	ר	ל	ל	ר	נ	ן	א	מ	מ	ה	ו
ת	מ	נ	ר	ג	ס	י	ו	ט	י	ב	צ	נ	ע	ח
ף	ר	ו	ר	ב	ה	ד	ז	ה	ה	א	ו	מ	ו	ת
כ	ד	פ	ג	מ	כ	ת	ו	נ	ו	י	ע	ר	ה	ת
ב	ל	ס	ט	ג	צ	ו	ט	פ	צ	ת	ן	ט	נ	ו
ד	מ	י	ו	ן	ף	ש	א	כ	ר	ו	א	ע	ו	ר
ם	מ	ף	ח	נ	ה	ג	ח	ע	ב	נ	ת	ל	מ	י
ה	ף	ה	ן	כ	ב	ר	ס	ר	ח	מ	א	ל	ת	ה
ח	ז	י	ו	נ	ו	ת	ג	ש	נ	א	פ	ר	מ	ב
ח	י	ו	נ	י	ו	ת	ר	כ	ב	מ	ף	ר	ן	ג
ר	א	ו	ת	נ	ט	י	ו	ת	ש	מ	כ	כ	ם	ה
ם	ח	ח	ס	ר	פ	כ	ד	ש	ף	צ	ח	ש	ס	ר

רושם
השראה
עוצמת
אינטואיציה
המצאה
תחושה
מיומנות
ספונטני
חזיונות
חיוניות

אמנותי
אותנטיות
בהירות
דרמטי
רגשות
ביטוי
נזילות
רעיונות
תמונה
דמיון

58 - Airplanes

י	ב	א	ם	מ	ב	ח	ש	ת	ע	ג	צ	א	ר	ש
ח	ר	ס	ק	ר	נ	ו	ן	ג	ה	ח	פ	א	ע	ר
ם	ף	י	ל	ן	י	ן	צ	ם	כ	ל	ב	ל	ו	ן
א	ב	י	ד	ת	י	ר	ה	י	ר	ו	ט	ס	י	ה
מ	א	ט	ת	ה	ה	ר	ר	פ	ע	ס	ע	ר	ה	ק
פ	כ	ס	פ	ת	ח	י	ג	ח	כ	ף	ג	ד	פ	ת
א	א	ה	ר	י	ו	ו	א	ד	ע	ה	צ	ל	פ	פ
ס	ל	ף	נ	ח	ע	ו	נ	מ	ב	ס	ח	ף	צ	ר
ב	נ	פ	ר	נ	ת	א	צ	ת	ר	ג	ב	ן	פ	ה
ט	ט	ר	ק	י	ע	צ	ן	ם	ת	ם	ע	ח	ר	כ
ר	מ	ת	ש	ע	ס	ה	ט	ד	ג	ף	ר	ם	א	ש
ם	נ	כ	י	ו	ו	ן	ת	צ	ו	ג	ל	ט	א	ע
ע	נ	ל	ג	מ	נ	מ	ד	ן	ב	מ	ש	ג	א	ה
ב	ט	ת	ש	ל	ב	י	ד	ה	ה	ן	ם	ל	ג	נ
פ	ה	ף	ס	ן	ד	מ	ש	פ	נ	ל	ב	א	ט	ת

דלק
גובה
היסטוריה
מימן
נחיתה
נוסע
טייס
מדחפים
רקיע
סערה

הרפתקה
אוויר
אווירה
בלון
בנייה
צוות
ירידה
עיצוב
כיוון
מנוע

59 - Ocean

ג	ן	ט	פ	א	ש	ף	ן	ש	מ	כ	ש	ש	ם	צ
ם	ה	ר	ע	ס	ל	ה	ס	ד	מ	ל	ת	א	ל	ת
נ	פ	ח	נ	פ	פ	ן	ן	ם	ם	ד	ס	ו	ט	נ
ט	ד	כ	ר	י	ש	ו	נ	י	ת	נ	פ	ב	כ	א
נ	צ	ח	כ	ג	ו	מ	ל	א	ו	ח	מ	ב	מ	א
ת	ן	כ	צ	ד	ת	ג	נ	ה	צ	ס	י	ף	נ	ח
ד	נ	פ	ב	ם	ו	ו	ם	ן	א	ג	ר	ס	נ	ת
ח	פ	ם	ר	מ	א	פ	מ	ת	ט	ג	ש	כ	ה	מ
ס	ן	ת	א	ג	ג	ס	ט	י	ש	כ	ש	א	ט	ר
מ	ס	נ	ט	ל	ב	ה	נ	ו	ט	מ	ע	מ	נ	ל
כ	ן	ט	כ	צ	פ	מ	ע	ו	ם	ל	ט	מ	פ	ע
א	ר	ט	ם	ב	ת	ס	ל	ל	מ	ח	ם	א	א	ט
ה	ז	ו	ד	מ	ר	ן	ב	נ	ג	ת	ד	פ	ר	ד
ש	ל	ף	ם	ט	ה	ל	ן	ס	ן	ה	ה	ן	ל	ן
נ	ש	ט	ן	ת	מ	נ	ו	ן	י	פ	ל	ו	ד	א

אצות
אלמוג
סרטן
דולפין
צלופח
דג
מדוזה
תמנון
צדפה
שונית

מלח
כריש
שרימפס
ספוג
סערה
גאות ושפל
טונה
צב
גלים
לוויתן

60 - Force and Gravity

מ	ד	ב	ל	ע	נ	פ	ז	ד	ת	א	ם	א	ח	ת
כ	מ	ר	ח	ק	י	ל	מ	י	כ	מ	ם	ה	ף	ט
נ	ם	ן	ץ	ז	ב	ה	ן	נ	ל	ו	ל	ס	מ	מ
י	ס	נ	י	כ	ט	ר	נ	מ	י	ר	ל	ק	ש	מ
ק	ן	ק	א	ר	ל	ח	ת	י	ב	צ	נ	ם	ג	נ
ה	ה	ת	כ	מ	ד	ל	ע	ן	כ	ע	ד	ר	ב	ב
ש	ב	א	ם	ג	ס	נ	כ	צ	ו	ף	ן	ש	ע	ס
ט	ח	ך	ו	כ	י	ח	צ	ב	כ	נ	נ	מ	ן	ף
ש	ר	ת	י	ו	ל	י	ג	ד	כ	ב	ג	ה	ט	ש
נ	ה	ה	ן	ן	מ	נ	מ	ח	ס	ה	ע	ו	נ	ת
ר	ש	ט	א	נ	א	ד	ס	י	ל	ר	ס	כ	ל	ו
ם	ע	ד	ן	ן	ת	ט	ם	כ	ה	ע	פ	ש	ה	ר
ס	ח	ה	נ	י	ל	ס	ר	ב	י	נ	ו	א	נ	י
ד	ס	מ	ג	נ	ט	י	ו	ת	ם	א	פ	ם	ש	ה
ש	ט	פ	ע	ב	צ	מ	ם	ח	א	פ	ט	ל	א	מ

תנועה
מסלול
פיזיקה
כוכבי לכת
לחץ
נכסים
מהירות
זמן
אוניברסלי
משקל

ציר
מרכז
גילוי
מרחק
דינמי
הרחבה
חיכוך
השפעה
מגנטיות
מכניקה

61 - Birds

ד	א	ץ	ף	ח	ף	ח	ט	ה	ר	כ	ש	ה	ם	ג
ס	כ	נ	ף	ב	מ	פ	מ	ב	ה	ז	ו	ו	א	ע
ל	א	ל	פ	ן	צ	ל	ס	א	ע	ו	ף	ן	ן	ר
ג	ת	ע	ן	ה	ח	מ	ש	ב	ם	ו	ג	ח	ה	ב
ג	ר	ף	ת	ה	ס	ס	נ	ש	ר	ר	ד	ן	ש	י
מ	ן	ע	י	ש	י	פ	ל	ס	כ	ב	כ	כ	ע	צ
ש	נ	י	ש	ת	ד	ם	ף	ק	ב	ר	ש	ג	ס	ה
ב	ר	ב	ו	ר	ה	מ	ף	ו	א	ו	ג	מ	ל	ם
צ	ע	ת	ג	ו	ש	ה	נ	ק	ר	ע	ן	כ	ש	ת
ר	מ	ג	נ	ר	ג	ד	מ	י	ן	ן	כ	ג	ק	א
ם	מ	ש	י	ד	ה	נ	פ	י	ד	א	ע	ף	נ	ר
ן	ט	נ	מ	צ	ף	ת	י	ה	ם	ק	א	ר	א	כ
ת	פ	נ	ל	ה	ת	ט	ש	פ	ת	ו	כ	י	י	ה
פ	ג	ף	פ	נ	ב	ף	ן	א	א	ט	ו	ו	ס	נ
ח	ל	פ	ג	נ	פ	פ	ן	ס	ד	מ	ל	ס	ט	ר

עוף
עורב
קוקייה
ברווז
נשר
ביצה
פלמינגו
אווז
שחף
נץ

אנפה
יען
תוכי
טווס
שקנאי
פינגווין
דרור
חסידה
ברבור
טוקאן

62 - Nutrition

ד	ה	ס	ה	ר	ג	ל	י	ם	ש	מ	כ	ת	ש	מ
ד	מ	ם	פ	צ	צ	ק	ה	פ	ן	ר	ת	ה	ף	ע
ס	ח	נ	פ	ל	ט	ש	ת	ה	ל	י	ס	צ	ע	ף
ע	י	כ	ו	ל	ת	מ	ב	פ	ת	ר	ף	ר	א	מ
פ	פ	פ	מ	ב	ר	ע	ל	ן	ו	ב	א	י	ת	ס
ח	ע	ל	ג	ח	ת	נ	ן	ז	א	ם	ן	ש	ש	ה
ה	א	צ	ט	א	ג	צ	ת	ו	י	ר	ו	ל	ק	ף
צ	א	ח	ע	א	פ	ט	צ	א	ר	ת	ו	כ	י	א
ב	ן	כ	ם	ע	צ	ש	ע	מ	ב	ב	ס	ע	נ	ת
ו	ל	ג	י	ט	נ	ם	ט	מ	ה	ט	א	י	ד	כ
י	ת	ה	ר	ל	פ	ח	מ	י	מ	ו	ת	ף	ס	ע
ט	מ	ט	מ	ש	ב	ם	ה	ף	פ	ר	ף	ש	ל	ה
מ	ד	ז	צ	נ	ר	ד	ם	צ	ת	ד	כ	ת	נ	ר
י	כ	ח	י	ע	י	ת	ת	ח	ל	ב	ו	נ	י	ם
ן	ח	ת	ג	ן	א	ש	ה	ס	ס	ף	ס	מ	ס	ח

הרגלים
בריאות
בריא
מזין
חלבונים
איכות
רוטב
רעלן
ויטמין
משקל

תיאבון
מאוזן
מריר
קלוריות
פחמימות
דיאטה
עיכול
אכיל
תסיסה
טעם

63 - Hiking

ה פ א ר ק י ם ד ש מ ש ם י מ ק
כ ס ח ד ו ע ב ט א ק ל י ם א מ
נ ג ם ת צ כ ת ה פ מ ם נ ס ל פ
ה ה ש פ א ע ס א ס ר צ ב ר ד י
ה ר פ נ ה מ א ר פ ד ם א ע ן נ
כ ע ח ן ה ף ה פ ל ם ח כ ס א ג
ף נ כ ע ע צ ה ה ן ב א ח ב נ א
ם ן ד ח ג ה מ ב ף ב א ף כ ה ן
ש ם כ פ ח א ש ש כ ב פ צ ב ס ף
ת נ ם ג א ש ח ם מ ף נ פ ת ח ח
ב ט מ פ מ ע נ ם ל ת צ ן ח ת ג
ב פ ר א י ט ם י כ י ר ד מ ט ד
מ ג פ י י ם כ ד א ם ה ן ש נ כ
נ ג ף י מ ט ם ס ב נ ו ת ו י ח
ב ב ה כ ה צ ן ר א ת ה ג ט ח ד

טבע
נטייה
פארקים
הכנה
אבנים
פסגה
שמש
עייף
מים
פראי

חיות
מגפיים
קמפינג
צוק
אקלים
מדריכים
סכנות
כבד
מפה
הר

64 - Professions #1

צ	ו	ט	ר	י	נ	ר	ד	ן	ב	ק	מ	ת	ט	ב
ם	י	ג	נ	ל	ס	כ	ע	ב	נ	ר	ס	ל	ע	ש
ש	פ	י	ן	ט	י	ש	כ	ת	ק	ט	ר	מ	ח	ג
ר	ס	נ	ד	ב	ן	ס	מ	ר	א	ו	פ	כ	ע	ר
ב	כ	ת	ק	כ	פ	ג	ש	ב	י	ג	ס	ה	ד	י
ר	ג	ת	ר	ש	ש	א	ש	ס	א	ר	נ	א	ע	ר
ב	ו	כ	פ	א	א	ת	ע	ח	ק	ף	ת	ש	ו	ן
פ	ל	ט	מ	ט	ח	כ	צ	ס	י	ב	ר	ה	ר	א
ש	ו	צ	ק	ג	ו	ל	ח	צ	ז	ע	ן	מ	ך	כ
ף	כ	כ	ד	ו	ת	צ	ט	ח	ו	ו	מ	ה	ד	ם
ע	י	נ	ה	ל	ד	מ	ב	ר	מ	ר	א	פ	י	ס
א	ס	ט	ר	ו	נ	ו	ם	ד	ן	ך	מ	ף	ן	ל
ט	פ	ה	ש	א	ם	נ	ת	ל	ס	ן	ן	צ	ח	ט
ף	ת	ש	ע	י	ט	ף	ה	ט	ל	ח	י	י	ט	ה
ש	כ	ן	כ	ג	ל	ד	ף	ד	ס	צ	ע	ם	ש	ס

שגריר
אסטרונום
עורך דין
בנקאי
קרטוגרף
מאמן
רקדן
דוקטור
עורך
גיאולוג

צייד
תכשיטן
מוזיקאי
אחות
פסנתרן
שרברב
פסיכולוג
מלח
חייט
וטרינר

65 - Barbecues

ה	ח	מ	ם	מ	ת	ן	פ	ד	ט	א	ר	מ	ם	פ
ג	ה	ד	ט	ת	מ	ש	פ	ח	ה	ד	כ	ף	ף	ד
ב	ה	מ	ש	ח	ק	י	ם	נ	פ	ב	ת	ע	צ	ד
ל	צ	ג	ף	ט	מ	מ	י	א	ר	ר	ע	ף	ל	ר
ם	ת	ג	ר	י	ל	ז	ט	ב	ע	ר	ף	ן	צ	ר
ט	צ	א	ף	ס	ח	ו	ל	פ	צ	ת	נ	ם	ט	ס
ט	ר	ע	ת	ח	ס	ן	ס	ש	נ	נ	ג	נ	ף	ל
ת	ו	ג	ל	ז	מ	י	ל	ד	י	ם	י	ר	ב	ח
מ	ש	ר	ק	ר	ט	מ	ר	ף	מ	י	ת	ד	ר	נ
ו	ת	י	ב	ף	ר	א	ע	ת	ף	נ	ל	ת	ע	נ
ז	ץ	א	ד	ע	צ	ס	ר	ף	פ	י	ר	ו	ת	ת
י	ם	ע	ג	ב	נ	י	ו	ת	ע	כ	נ	ק	ח	ה
ק	ל	ף	ם	ס	נ	ע	ט	ס	א	ס	ג	ר	ו	ם
ה	ת	צ	ה	ג	ת	ע	ב	ח	ש	ט	פ	י	ר	ח
ם	נ	כ	צ	ס	ה	ת	ג	ם	ע	ח	א	ל	א	ט

עוף
ילדים
ארוחת ערב
משפחה
מזון
מזלגות
חברים
פירות
משחקים
גריל

חם
רעב
סכינים
מוזיקה
סלטים
מלח
רוטב
קיץ
עגבניות
ירקות

66 - Chocolate

ת	כ	ש	ר	נ	ם	ה	ס	כ	ט	צ	מ	נ	ר	כ
צ	מ	ג	ב	ו	ג	ק	ו	ת	מ	ד	ב	פ	נ	פ
ק	ר	מ	ל	ג	נ	ב	ק	ם	ר	כ	ו	ס	ט	ט
מ	מ	ת	ק	ד	מ	א	ו	נ	י	ט	ו	ז	ק	א
צ	ה	ם	ר	ח	ש	ט	ק	ר	ר	נ	ח	מ	א	ט
ת	ג	ל	ע	מ	ן	ט	ח	ס	ג	ר	ט	פ	ח	ש
ע	ת	ל	ר	צ	ת	נ	צ	ד	כ	נ	ף	ו	א	כ
ק	ס	ט	ן	ו	ט	ע	י	ם	א	ב	כ	ד	ב	ל
כ	ל	כ	ר	ן	ו	כ	ת	מ	ח	י	ב	ת	ו	נ
א	ו	ו	ט	ע	ם	ק	ק	א	ו	כ	כ	ל	ה	ב
ס	כ	ס	ר	צ	ן	ל	ג	ה	ח	ר	פ	ו	א	כ
ף	א	ש	נ	י	ם	פ	ל	ח	מ	מ	ב	ס	ת	ת
צ	ל	צ	ס	ל	ו	ע	ם	ד	מ	ת	ס	ט	ם	ח
ש	ה	ל	ם	ר	ד	ת	ו	ק	ק	ו	ת	ש	ה	ר
ע	א	ע	ת	ב	נ	ם	ש	ט	ד	ע	ד	נ	ט	ע

אהוב
מרכיב
בוטנים
אבקה
איכות
מתכון
סוכר
מתוק
טעם
לאכול

נוגד חמצון
מריר
קקאו
קלוריות
ממתק
קרמל
קוקוס
השתוקקות
טעים
אקזוטי

67 - Vegetables

ר	פ	ם	א	צ	ח	ר	ד	ן	ע	מ	י	ר	ל	ס
ם	צ	ל	נ	ע	צ	ל	צ	ב	ת	ח	ט	מ	ב	ג
צ	ף	ו	ח	ד	י	ק	ם	פ	ה	י	י	ר	ט	פ
ע	ן	ל	ש	א	ל	ו	ת	נ	ן	ו	פ	פ	ל	מ
ע	ף	ח	ה	ף	ס	ש	ת	ס	ר	א	כ	ד	מ	ט
ף	ש	כ	ד	ש	מ	י	ש	ף	ם	פ	ג	נ	א	פ
ל	נ	ש	ר	ע	ם	ט	ן	ה	ם	ו	א	ה	ט	ל
ר	ג	נ	י	ג	ת	ר	ד	ס	צ	נ	א	ר	ן	פ
נ	נ	ף	ם	מ	י	א	ן	ע	ג	ה	ו	ז	א	ת
ם	ם	ו	ש	מ	ב	א	ס	ח	י	ז	ס	ג	ג	ר
מ	א	ח	ד	ם	ו	נ	א	י	י	כ	א	ף	ד	ב
י	ל	ו	ק	ו	ר	ב	נ	ל	ם	ל	נ	ד	ל	ס
ת	ע	ל	ד	ה	כ	ב	י	נ	ה	ט	א	ג	ט	ל
ס	צ	ה	פ	ת	ג	ה	כ	ה	צ	א	ע	ה	מ	ט
ט	ע	ט	ת	ע	פ	ד	ע	ח	פ	צ	צ	ף	א	ס

ארטישוק
ברוקולי
גזר
כרובית
סלרי
מלפפון
חציל
שום
ג'ינג'ר
פטרייה

בצל
פטרוזיליה
אפונה
דלעת
צנון
סלט
שאלות
תרד
עגבנייה
לפת

68 - The Media

מ	ל	י	ה	א	ת	ל	כ	מ	ד	מ	ר	ם	ם	ש
ס	פ	ל	ף	ק	ע	כ	כ	ה	ת	ש	ש	ס	נ	ת
ח	ר	א	ש	ו	י	ד	ר	ד	נ	ר	ת	ע	ן	ר
ר	ג	ו	ם	ר	מ	ק	ו	ו	ן	פ	מ	פ	ט	ט
י	ר	ט	ר	צ	י	ב	ו	ר	ן	ד	ל	ר	כ	ם
ת	ע	ק	ך	ו	נ	י	ח	ה	ו	ת	נ	מ	ס	ד
ו	ת	ל	ע	ו	ב	ד	ו	ת	מ	ם	ע	ד	ש	פ
נ	ף	ט	ח	ט	ע	ן	ם	ם	י	נ	י	ז	ג	מ
ו	ע	נ	ה	ה	ע	ם	ט	ס	מ	א	מ	ר	צ	ת
מ	ן	י	ן	ת	ב	ל	ה	ע	נ	ה	ו	ש	צ	ה
ת	ס	א	ש	ר	ס	ע	י	ן	ט	ם	ק	ג	ח	מ
ם	ס	ט	כ	י	ל	ט	י	ג	י	ד	מ	ג	ם	ם
ח	צ	ד	ל	ה	ח	ף	ש	ן	ש	פ	ן	מ	כ	ל
ל	כ	א	פ	מ	ח	ע	ע	ל	ט	פ	ת	ף	מ	ס
ב	פ	ר	ס	ו	מ	ו	ת	ם	י	נ	ו	ת	י	ע

תעשייה
אינטלקטואלי
מקומי
מגזינים
רשת
עיתונים
מקוון
דעה
ציבור
רדיו

פרסומות
עמדות
מסחרי
תקשורת
דיגיטלי
מהדורה
חינוך
עובדות
מימון
תמונות

69 - Boats

נ	נ	נ	פ	נ	כ	ב	צ	י	א	כ	ט	ה	ק	ל
כ	ר	ס	כ	כ	כ	מ	ע	ב	ו	ר	ת	י	ה	ס
פ	ח	ג	ע	א	ן	ם	ע	צ	ק	כ	א	ח	ח	ב
ע	ל	ר	נ	פ	ח	ל	ד	ב	י	ק	ט	ב	ם	ע
ף	מ	ד	ב	ל	ע	א	ת	ת	י	ע	כ	ל	ש	ל
ף	ו	צ	מ	ם	י	ת	ע	מ	נ	ל	פ	ח	ד	ן
ר	ל	ע	צ	ג	ה	ב	ש	ש	ו	מ	ת	מ	ח	ם
ן	נ	ח	ג	א	ש	מ	ח	ד	ס	מ	ה	ר	ד	ק
ע	ס	ר	ע	ן	י	נ	ת	ו	ר	ן	ס	ה	א	א
צ	ר	ה	א	ה	מ	ו	ו	ב	פ	ג	ג	נ	ע	ב
ע	כ	ע	ם	כ	י	ע	ו	ש	ס	ע	ו	ג	ן	ד
נ	ן	ס	א	ד	ן	ש	צ	כ	ו	א	א	ל	ת	ש
ט	מ	צ	ב	ת	א	צ	פ	ב	ד	ג	ע	מ	ד	כ
ג	א	ו	ת	י	ש	ר	פ	מ	ה	ח	ד	ת	ם	ע
ע	ח	ש	ב	ה	ד	א	ה	ש	א	מ	ס	ל	צ	ף

ימי	עוגן
אוקיינוס	מצוף
רפסודה	קאנו
נהר	צוות
חבל	עגן
מפרשית	מנוע
מלח	מעבורת
ים	קיאק
גאות	אגם
יאכטה	תורן

70 - Activities and Leisure

כ	ר	ר	ה	מ	ל	ל	מ	צ	ט	מ	צ	א	כ	פ
ג	ד	ג	פ	ד	נ	ם	ל	ט	ת	ל	ל	ט	ד	ת
ה	י	ו	ס	ס	ע	ג	א	ץ	ו	ר	י	מ	ו	ע
ל	ט	נ	ר	ש	מ	ט	ר	ר	ע	ש	ל	צ	ר	צ
ש	ח	א	ו	ג	א	ל	ר	ד	י	י	ה	ף	ע	ד
ר	ח	ל	ר	ן	ל	ף	ס	ה	ס	ת	ג	ף	ף	כ
א	י	ג	ר	ו	ף	ר	פ	צ	נ	ן	ן	ר	ם	א
צ	ט	כ	ט	ח	ת	ם	צ	ג	ת	א	ר	ן	מ	ג
ד	ת	ו	נ	מ	א	ר	ל	ן	ע	ם	א	פ	ה	ח
ר	ה	ש	י	ל	ג	ו	ל	ף	ד	י	ג	ם	ה	מ
ה	ש	ע	ס	צ	י	ו	ר	ל	ו	ב	ס	י	י	ב
כ	ח	כ	ד	ו	ר	ס	ל	ט	ט	י	ב	ל	ן	ן
ח	י	ק	מ	פ	י	נ	ג	כ	ן	ב	כ	ו	ב	מ
ף	י	נ	ע	ט	ה	פ	ה	ח	ף	ח	פ	י	ב	ע
ח	ה	נ	ח	פ	מ	ה	ל	א	ן	ת	ש	ט	ר	כ

אמנות
בייסבול
כדורסל
איגרוף
קמפינג
צלילה
דיג
גינון
גולף
טיולים

תחביבים
ציור
מירוץ
מרגיע
כדורגל
גלישה
שחייה
טניס
נסיעות
כדורעף

71 - Driving

ג	ה	ת	ד	ס	ק	ר	ט	ט	ע	ד	מ	א	ס	ח
ש	ו	נ	מ	ד	ב	ל	מ	י	ם	פ	ו	ש	פ	צ
ס	ל	ו	ח	ע	ם	ס	ד	ד	ר	ר	ס	צ	ף	ח
ב	כ	ע	ה	א	ת	ד	ף	ע	ה	י	ך	מ	ף	ת
נ	י	ה	ד	מ	ס	ם	ף	נ	ט	ב	ש	י	ב	כ
ה	ר	ה	נ	מ	ט	ע	ל	ב	א	ל	ב	י	ת	ע
ר	ג	ן	ע	ה	ב	ף	כ	כ	ט	מ	ת	ח	ו	ל
ט	ל	נ	ג	ם	ט	ד	ט	ג	ע	ש	ג	ז	ר	ן
ש	ה	כ	ח	ט	י	ר	ן	ש	ט	א	ה	א	י	א
מ	ע	ב	כ	כ	ח	ף	מ	ע	ח	י	נ	ו	ה	ס
ג	ג	ט	ף	ע	ו	נ	מ	כ	ח	ת	ה	פ	מ	פ
ת	א	ו	נ	ה	ת	ה	ן	ע	ו	צ	פ	נ	א	מ
מ	נ	צ	ס	ע	ח	נ	ג	ר	ר	נ	ט	ו	מ	פ
א	ס	ח	ת	ל	ת	ם	ט	נ	כ	כ	י	ע	ע	ן
א	מ	ע	ג	ס	ש	ג	מ	צ	ח	ח	ח	ת	ב	א

מנוע
אופנוע
הולכי רגל
משטרה
כביש
בטיחות
מהירות
תנועה
משאית
מנהרה

תאונה
בלמים
מכונית
סכנה
נהג
דלק
מוסך
גז
רישיון
מפה

72 - Biology

ר	ע	ף	ש	כ	א	ש	ם	ה	ל	ש	צ	ם	ן	ע
ת	ה	ע	ל	ט	ת	מ	ב	ם	ח	ם	ד	ס	פ	ס
א	נ	ט	ו	מ	י	ה	י	צ	ו	ל	ו	ב	א	ן
ש	צ	ר	י	ו	נ	ק	צ	ג	ז	ת	פ	צ	ם	נ
ן	ו	ב	ל	ח	ד	ת	ל	ר	ה	ו	א	ע	ו	א
ס	ה	ו	ר	י	ט	ב	כ	א	ט	ב	ע	י	ז	נ
י	ב	ע	י	א	כ	ס	פ	ו	ת	ס	ר	א	ו	ז
מ	ב	ח	ס	י	נ	פ	ס	ה	א	ו	ד	ל	מ	י
ב	ט	ח	ת	ה	ב	י	נ	מ	ן	ט	ש	ף	ו	ם
י	ס	כ	ף	ש	נ	ה	ז	ו	מ	ס	ו	א	ר	ה
ו	ט	א	ה	ת	מ	ל	ן	ו	מ	ר	ו	ה	כ	ן
ז	ם	ס	ז	ת	מ	ת	ם	ה	י	צ	ט	ו	מ	ה
ה	ד	ה	ה	א	פ	ע	ם	ב	ס	ן	ג	ל	ו	ק
ש	ר	פ	ד	כ	א	ת	ח	ן	ת	ה	ד	נ	מ	ה
ן	ג	ן	ע	ע	ף	ש	ב	ש	ל	פ	ת	ב	צ	ן

אנטומיה
חיידקים
תא
כרומוזום
קולגן
עובר
אנזים
אבולוציה
הורמון
יונק

מוטציה
טבעי
עצב
נוירון
אוסמוזה
פוטוסינתזה
חלבון
זוחל
סימביוזה
סינפסה

73 - Professions #2

ע	ה	ם	ח	ת	נ	מ	ס	פ	א	ע	א	ע	ם	ב
א	נ	מ	ע	כ	ם	א	פ	י	ד	ע	מ	י	ף	ע
ר	ס	ן	ב	ל	ב	י	ר	ל	ב	ס	ח	ט	כ	ר
ו	י	ט	ע	פ	ל	י	נ	ו	מ	ה	נ	ד	ס	ר
פ	י	א	ר	י	ש	ר	י	ס	ש	ף	נ	ע	פ	נ
א	ט	ס	פ	ו	ת	ה	ת	ו	צ	ע	ם	כ	ל	ל
א	ש	פ	ם	ל	נ	ו	כ	ף	י	ש	ט	ב	ח	ט
ס	ר	ת	ד	פ	ח	א	נ	ם	י	ע	מ	ג	ג	ף
פ	כ	ה	ם	פ	צ	ב	ו	א	ר	ר	מ	ט	פ	מ
א	ג	ח	ע	נ	ד	ס	צ	ט	י	פ	ן	נ	ג	מ
ר	ו	פ	א	ש	י	נ	י	י	ם	ש	ש	נ	ו	צ
מ	ו	ר	ה	ל	ס	ם	כ	ר	ה	צ	ל	ם	ל	י
ז	ו	א	ו	ל	ו	ג	פ	א	ס	ט	ב	ת	ו	א
ש	ף	ת	ם	ט	ד	ף	פ	ג	ד	ע	ר	ן	י	נ
ה	ד	ה	כ	ר	א	נ	ר	ן	ה	ד	ף	כ	ב	א

אסטרונאוט
ביולוג
רופא שיניים
בלש
מהנדס
איכר
גנן
מאייר
ממציא
עיתונאי

ספרנית
בלשן
צייר
פילוסוף
צלם
רופא
טייס
מנתח
מורה
זואולוג

74 - Emotions

ר	ש	ח	ג	ע	ר	פ	נ	ר	ש	ו	א	ס	ע	ב
ם	מ	ד	ב	ר	ם	ר	ן	ל	ד	ר	ח	ם	פ	ע
ט	ט	ב	ר	כ	ג	ג	ן	ח	ע	ר	ס	ג	מ	א
ן	ד	כ	ד	ש	מ	נ	ע	צ	ש	כ	ד	ע	ס	ת
ף	פ	ן	פ	ב	מ	ר	ט	מ	נ	ר	ס	י	צ	ת
צ	כ	ל	מ	ע	ר	ש	ס	ע	ם	ס	ר	ג	ס	ם
ה	ב	ה	א	ב	צ	ט	ב	ש	ן	ת	ם	ת	פ	נ
ה	ה	ס	ט	ש	פ	נ	ד	ר	ו	ך	א	ת	ל	נ
ת	ר	ל	ט	א	ש	פ	ח	ד	צ	ו	כ	ט	ח	ב
ר	ג	ט	מ	א	ה	ד	ה	ע	צ	ב	ע	ם	ב	ן
ח	ו	ר	ע	ס	ש	ע	מ	ו	ם	נ	ע	ו	ה	פ
ס	ע	א	ח	ד	ת	א	פ	ת	ל	פ	א	ל	ס	ש
ג	ן	מ	ב	פ	ש	ל	ו	ו	ה	ח	מ	ש	כ	ע
ר	ר	מ	ה	ה	ל	צ	ע	כ	ר	ה	צ	ו	ר	מ
ג	ש	ה	ש	מ	פ	ש	ג	ן	ד	ט	ת	ן	ם	א

חסד
אהבה
שלום
עצב
מרוצה
הפתעה
אהדה
רוך
שלווה

כעס
אושר
שעמום
רגוע
תוכן
נבוך
נרגש
פחד
אסיר תודה
שמחה

75 - Mythology

ה	פ	ה	א	ת	ל	צ	ש	ט	ף	ת	ו	ב	ר	ת
ת	ת	ח	ב	פ	ע	פ	פ	א	פ	מ	ח	א	ה	ע
נ	ר	ט	ט	פ	ח	ט	ט	פ	ד	ן	ם	מ	ב	ש
ה	ן	כ	י	ן	ג	ת	מ	פ	ף	נ	ד	צ	ב	ט
ג	ג	צ	פ	ך	ר	ן	ת	ע	כ	ֶ	ס	מ	א	א
ו	צ	ה	ו	ה	ד	ג	א	ו	י	צ	י	ר	ה	מ
ת	ר	ב	ס	מ	ח	י	ח	ה	ת	ַ	ה	ו	ת	ו
א	מ	ן	נ	ק	נ	צ	ק	ר	ב	ח	מ	ב	ו	נ
א	ף	ע	א	נ	מ	ו	כ	נ	ס	פ	צ	י	מ	ו
ש	ם	ת	ג	נ	ב	ר	ם	מ	ל	נ	ף	ג	ת	ת
ב	צ	ה	ש	ה	א	א	ל	צ	ר	ע	ף	ח	ן	ס
ר	ב	ה	א	נ	ק	ס	ת	ש	ס	א	פ	ף	ב	פ
מ	ג	ל	מ	ם	ש	ו	ת	ג	ר	ל	ה	ח	ן	ס
ח	ש	כ	פ	ט	ה	ן	ב	צ	ס	י	צ	ס	ם	ד
ט	ר	ם	ע	ח	נ	מ	ל	ו	ח	ם	פ	ם	ע	ר

אבטיפוס
התנהגות
אמונות
יצירה
יצור
תרבות
אלים
אסון
גיבור
נֶצַח

קנאה
מבוך
אגדה
ברק
מפלצת
בן תמותה
נקמה
כוח
רעם
לוחם

76 - Agronomy

א	ד	ח	כ	ן	א	ן	ר	ן	ג	ף	ט	ס	א	א
ד	ש	ן	ק	מ	ד	פ	ה	ת	נ	ג	ב	כ	נ	ק
ז	ם	ת	ו	ל	ח	מ	ף	ח	ם	מ	ן	מ	ר	ו
ם	י	ח	מ	צ	א	ם	ז	פ	ג	ע	ד	מ	ג	ל
מ	ע	ה	ה	כ	מ	ו	ש	ו	ג	ר	ג	ג	י	ו
ח	ר	ב	ו	צ	ב	ה	ת	ח	ן	כ	נ	מ	ה	ג
ק	ז	י	ם	י	מ	י	ן	מ	ד	ו	ג	ר	ק	י
ר	כ	ב	כ	נ	מ	ז	ל	ן	ם	ת	א	ן	י	ה
ח	ג	ס	כ	ג	כ	פ	ר	י	ב	צ	פ	נ	ח	ם
פ	ר	ט	ן	ר	ת	ש	ב	מ	א	מ	ד	ף	ש	ל
ת	נ	ה	ג	ו	י	ר	ק	ו	ת	ג	נ	ם	ט	מ
ח	צ	ט	ס	א	ם	ף	צ	ס	ל	ש	פ	כ	ן	צ
ן	ד	מ	ב	ש	פ	ס	ג	ל	כ	ש	א	פ	ע	ש
כ	ן	ד	ב	צ	ם	ף	ף	נ	ס	ב	ר	ר	ג	ב
ב	ח	ה	א	ח	ן	ה	פ	ק	ה	ל	ר	ע	ן	ג

צמחים
זיהום
הפקה
כפרי
מדע
זרעים
מחקר
מערכות
ירקות
מים

חקלאות
מחלות
אקולוגיה
אנרגיה
סביבה
שחיקה
דשן
מזון
זיהוי
אורגני

77 - Hair Types

ם	ס	ב	נ	צ	ף	ס	ע	י	צ	מ	ד	נ	ף	ה
ם	ב	ג	צ	ש	ל	ב	ן	צ	ב	ן	צ	ן	י	ר
מ	ב	ר	י	ק	ח	ר	י	ק	ס	ש	א	ם	נ	ז
ר	ס	צ	ס	פ	ש	ו	ב	ם	א	ד	ד	ע	ו	ה
ח	ך	ק	כ	ש	ש	ל	ר	צ	ת	ק	ל	ו	ע	ב
מ	ת	ו	ל	ת	ל	א	פ	ו	ר	ת	ת	ע	ב	ה
ב	ל	ו	נ	ד	י	נ	י	כ	ן	ף	ל	נ	צ	פ
צ	ט	מ	ר	ג	ש	ג	ף	ף	א	ש	ת	ב	ב	ע
צ	כ	ס	כ	ל	ם	ל	א	ר	ע	א	ל	ר	ם	נ
ם	ב	ח	צ	ן	ב	י	א	ר	ו	ך	י	י	ב	ס
ח	ו	ם	ח	פ	צ	מ	ו	ת	ן	ל	ם	א	א	ל
נ	ף	ל	ם	פ	פ	ח	פ	פ	ם	פ	ח	ה	ע	ד
ב	ב	ה	ע	ף	ח	ה	ב	ת	מ	כ	ח	פ	א	ט
ן	ט	ע	ף	א	א	מ	ה	ה	ח	ש	ם	ס	ב	ט
ע	ד	ס	ר	ם	ע	ג	פ	א	כ	צ	פ	ף	א	ד

אפור
בריא
ארוך
מבריק
קצר
רך
עבה
רזה
גלי
לבן

קירח
שחור
בלונדיני
קלוע
צמות
חום
צבעוני
תלתלים
מתולתל
יבש

78 - Garden

ע	ד	ף	ש	ח	ש	ג	ל	ש	כ	א	ה	ן	מ	ג
ש	ג	ב	ה	צ	ם	ן	ן	פ	ש	ס	מ	ס	ג	ט
ב	ב	ל	פ	ט	פ	צ	ך	ס	ו	מ	ר	ג	ר	ם
י	ץ	ן	נ	ר	ד	כ	ע	ל	ב	ל	פ	נ	פ	ט
ם	ע	כ	ת	ח	ם	ב	ט	ע	ס	ש	ס	א	ה	א
ש	ן	ר	ו	נ	י	צ	פ	י	צ	פ	ת	ח	כ	ת
ו	ש	ד	ס	ל	ן	ע	כ	ם	ח	צ	ס	נ	י	ג
ט	ג	ג	צ	ל	ן	פ	ב	א	ת	ח	פ	י	ר	ה
י	ה	ב	ן	ד	א	ף	ד	ש	ט	ר	ם	נ	ב	מ
ם	ע	ף	ג	א	ג	ש	ל	ד	ר	פ	נ	צ	ע	ד
ט	ר	מ	פ	ו	ל	י	נ	ה	ס	ע	ן	א	ן	א
פ	ח	ח	ב	נ	ס	ג	ס	מ	ה	ן	ח	ע	ד	ף
כ	ר	ח	ח	ס	ס	ם	ע	מ	ת	ד	ח	מ	פ	ג
ף	ח	ף	מ	ף	ת	ן	ב	צ	ע	ג	צ	ב	מ	פ
ט	ד	ט	מ	ע	ל	ט	כ	א	ה	צ	ש	ע	ב	ן

המרפסת
מגרפה
סלעים
את חפירה
אדמה
טרסה
טרמפולינה
עץ
גפן
עשבים שוטים

ספסל
בוש
גדר
פרח
מוסך
גן
דשא
ערסל
צינור
בריכה

79 - Diplomacy

ף	ע	מ	מ	ש	ל	ה	א	ן	א	ה	ס	ש	ת	ן
ה	ת	נ	ג	ש	ו	ת	ר	פ	כ	ק	מ	ס	ף	צ
ה	ו	מ	נ	י	ט	ר	י	ש	ר	י	ר	ג	ש	ד
ר	א	מ	נ	ה	א	ע	ן	ר	ו	ט	י	ד	ס	ק
ז	ר	א	ן	פ	ת	ר	ש	ת	ת	י	נ	ו	ת	ר
ו	ם	ש	י	ת	ו	ף	פ	ע	ו	ל	ה	ג	ע	ג
ל	ש	ה	ט	ח	ל	ם	ר	ש	ר	ו	ק	ם	מ	ץ
ו	ן	א	מ	ק	פ	ה	נ	א	י	פ	י	ר	ת	ח
צ	כ	מ	ו	פ	ה	ם	ד	ר	ר	פ	ת	ר	ו	ן
י	א	ד	ל	ן	ו	י	ד	ל	ג	נ	א	א	ס	ד
ה	ם	צ	פ	ב	ד	ח	ל	ה	ש	פ	ה	ש	ח	ת
ג	ם	מ	י	פ	ש	ר	ז	ה	ב	י	ט	ח	ו	ן
ת	ב	ג	ד	ם	ב	ז	פ	ם	ת	ע	ג	ע	ע	מ
ד	ש	ע	ל	צ	ח	א	ע	ח	ע	צ	ס	א	ב	ד
ף	ר	ב	ג	ג	ר	צ	ה	ת	ב	ן	ב	ד	ף	ח

יועץ	זר
שגריר	ממשלה
אזרחים	הומניטרי
קהילה	יושרה
התנגשות	צדק
שיתוף פעולה	פוליטיקה
דיפלומטי	רזולוציה
דיון	ביטחון
שגרירות	פתרון
אתיקה	אמנה

80 - Beach

ב	פ	ש	ס	ת	ם	ף	ל	ס	ט	ל	ל	ם	כ	ג
א	ד	מ	ף	ם	ב	ב	ו	י	ש	ש	ט	ן	ם	מ
ע	ן	ש	ב	ם	נ	נ	ח	ר	ג	ח	ט	ר	נ	ת
מ	ת	ב	ג	מ	י	ל	כ	ה	ל	ו	ה	ש	ע	ע
ס	נ	ד	ל	י	ם	כ	ע	ג	ן	ת	ד	ח	ד	צ
ע	ש	ר	ק	א	ל	א	ו	ג	ט	ם	ח	ה	ש	ש
צ	נ	ו	ב	כ	א	נ	ם	ף	ר	ט	א	ר	צ	ע
ף	א	פ	ג	ל	ה	ע	ם	א	ס	ה	ל	ח	ל	ת
צ	ח	מ	ף	ש	ש	ת	ף	ח	ד	מ	ט	ר	י	ה
מ	ו	ס	צ	א	פ	ם	ע	ן	פ	פ	א	ש	ם	ה
א	ף	נ	א	ף	ו	ס	ד	פ	נ	ט	ר	ר	ד	פ
א	ע	צ	ט	ט	ח	ט	ס	ע	ן	פ	ג	ז	י	ם
ח	ל	ל	ו	ח	ה	צ	ל	נ	מ	ת	י	נ	ו	ש
ע	ע	ת	ם	ס	מ	ה	ף	ל	נ	מ	מ	ט	ג	ה
ה	ן	ן	ט	פ	ח	ס	ג	צ	ב	נ	ף	ת	ר	נ

חול
סנדלים
ים
פגזים
שמש
לשחות
מגבת
מטריה
חופשה

כחול
סירה
חוף
סרטן
עגן
אי
לגונה
אוקיינוס
שונית
מפרשית

81 - Countries #1

ם	ש	ט	כ	ג	ר	מ	נ	י	ה	ד	ן	צ	ג	א
צ	ה	ד	צ	ב	ר	ק	כ	צ	ל	פ	ד	ג	נ	כ
ל	ת	מ	ח	ו	פ	נ	ה	א	ו	ג	ר	ק	י	נ
פ	ם	כ	ק	ה	ג	ד	א	ד	ן	ש	פ	ש	ס	ם
ת	ה	ו	א	ל	ד	ה	ף	ם	ל	ד	ס	ס	פ	י
ש	ש	ח	ר	ה	כ	ב	ר	צ	ש	ב	ת	מ	ש	ר
פ	ת	ו	י	ם	ש	ד	נ	ל	נ	י	פ	ר	א	צ
ב	כ	נ	ע	א	ל	ח	ח	ר	פ	ט	א	ב	ף	מ
ע	ל	צ	ע	נ	ת	ג	ו	פ	ב	ל	ה	מ	נ	פ
ל	ם	ו	ה	ט	ם	מ	ף	ן	ה	י	ל	ט	י	א
ב	א	א	א	י	נ	ה	ע	ע	ב	ז	ג	ר	ל	ן
ם	ה	ל	פ	י	ש	ד	ר	ג	ש	ר	נ	ף	ם	ב
ר	ר	ה	ה	ו	ן	י	ל	ו	פ	ב	ס	ש	ר	ס
ט	ב	ה	י	ג	ו	ו	ר	ו	נ	ו	א	צ	כ	כ
א	ע	ע	ד	ם	ם	ם	מ	צ	ג	ל	ט	ב	י	ה

ברזיל
קנדה
מצרים
פינלנד
גרמניה
עיראק
ישראל
איטליה
לטביה
לוב
מרוקו
ניקרגואה
נורווגיה
פנמה
פולין
רומניה
סנגל
ספרד
ונצואלה
וייטנאם

82 - Adjectives #1

א	ק	ז	ו	ט	י	ט	מ	ו	ר	א	מ	מ	י	ע
פ	ח	ש	ו	ך	ח	ט	ל	ח	ו	מ	ו	ו	ק	ד
ש	א	פ	ת	נ	י	ת	י	ג	א	ט	ד	ע	ר	א
ז	ה	ה	פ	י	ר	ל	ל	א	מ	ט	ר	י	א	ט
ד	ז	נ	פ	כ	מ	ש	ש	ה	נ	ע	נ	ל	מ	ר
א	ר	פ	כ	ע	ב	ל	ש	ע	ו	מ	י	ס	א	ק
ף	ה	ד	פ	ט	א	ה	צ	ג	ת	ח	ט	כ	ף	ט
כ	ב	ד	ה	ר	ן	ג	ח	צ	י	ל	ן	ם	ל	י
ן	ש	ע	ף	ן	א	ם	ן	ר	ל	נ	ח	ט	ע	ב
נ	ף	ף	ם	ט	ת	ט	ל	צ	א	ה	ף	פ	ח	י
ד	ד	ר	ג	א	ר	ן	ן	י	ג	ג	צ	ה	ם	א
ם	ה	י	ש	ב	ח	מ	ר	נ	ש	ג	ן	ג	ב	פ
ף	ף	ד	ב	ו	ש	ח	ח	י	ג	ח	ע	ר	ת	ע
ה	נ	ט	כ	ס	כ	מ	ט	ת	ש	פ	ר	כ	ר	ד
ד	ט	ן	ח	פ	נ	ש	ח	ף	ד	ר	ט	ט	ן	ח

מוחלט	כבד
שאפתנית	מועיל
ארומטי	כנה
אמנותי	זהה
אטרקטיבי	חשוב
יפה	מודרני
חשוך	רציני
אקזוטי	איטי
נדיב	רזה
שמח	יקר

83 - Rainforest

נ	ד	צ	ף	צ	ג	מ	ל	ם	ת	א	א	ר	ק	י
ג	ף	א	ר	ן	ו	ק	ר	ם	ס	ן	ט	ת	כ	ב
ט	ט	ע	ל	ס	נ	ל	ם	י	ק	נ	ו	י	ף	ל
כ	כ	ף	ת	ף	ג	ט	ע	ל	ת	ר	צ	ש	כ	ס
ל	מ	ף	ם	נ	ל	ב	נ	ק	ת	ל	י	ה	ש	ה
ח	ר	ק	י	ם	ט	ש	נ	א	כ	מ	ר	ד	ט	ג
ד	ו	ב	כ	י	ל	צ	י	פ	ו	ר	י	ם	י	א
ת	ב	ח	ד	י	ל	י	ם	ר	ש	ח	ז	ו	ר	ג
ם	ו	ט	פ	ח	ת	ה	ל	י	ה	ק	ו	ן	ף	ט
ד	ט	צ	ת	ו	ד	ר	ש	י	ה	ן	פ	ל	ע	ן
ס	נ	מ	ת	ד	מ	ם	ף	מ	ש	ס	ף	נ	צ	ס
ח	י	י	ב	ן	צ	ס	צ	ם	ן	ג	ל	ר	פ	ם
ן	ד	נ	ל	ם	ס	ד	ה	ף	ד	מ	ה	ה	ר	ה
ג	ה	י	ט	ח	ג	פ	כ	ס	צ	ד	א	ג	ב	ס
א	מ	ם	ם	כ	ש	ט	מ	א	ר	ן	ל	ע	ם	ף

יונקים
טחב
טבע
שימור
מקלט
כבוד
שחזור
מינים
הישרדות
יקר

דו-חיים
ציפורים
בוטני
אקלים
עננים
קהילה
גיוון
יליד
חרקים
ג'ונגל

84 - Global Warming

א	ב	ט	ר	ע	א	ק	ל	י	ם	מ	ל	ג	ף	מ
ס	ל	כ	ה	ת	ן	פ	ר	כ	י	ר	ן	ם	צ	נ
א	ר	ק	ט	י	ע	פ	ב	ש	י	ה	ק	י	ק	ח
ע	מ	ה	ע	ד	ד	ת	ת	ס	ו	ה	ש	נ	ש	ת
ל	ם	ת	ע	י	מ	ו	א	ל	נ	י	ב	ו	ה	ח
ח	ב	מ	ש	ב	ר	י	ג	צ	י	ג	ז	ת	מ	ס
מ	פ	י	ת	ו	ח	ס	ס	פ	ש	ר	ם	נ	ב	ט
נ	ש	ס	ד	ן	ב	ו	ף	ן	ת	נ	ר	י	ד	מ
ה	י	י	ש	ע	ת	ל	מ	ח	כ	א	ב	ת	ף	פ
ב	ם	ר	נ	ג	מ	כ	מ	מ	נ	ת	כ	ם	כ	ר
ע	פ	ה	נ	ף	נ	ו	ש	ף	י	ף	ט	ח	מ	ט
כ	ב	ם	ב	כ	ד	א	ל	ב	ל	נ	ם	ס	כ	ו
ש	כ	פ	נ	ס	ם	ט	ה	ה	ל	מ	צ	ת	ם	ר
י	ב	ב	נ	ן	ל	ו	ד	י	ג	י	ת	ב	ט	ו
ו	ן	נ	ל	ף	צ	צ	ף	ח	ע	ב	ף	ף	ח	ת

דורות
ממשלה
בתי גידול
תעשייה
בינלאומי
חקיקה
עכשיו
אוכלוסיות
מדען
טמפרטורות

ארקטי
שינויים
אקלים
משבר
נתונים
פיתוח
אנרגיה
סביבתי
עתיד
גז

85 - Landscapes

א	נ	ע	א	ד	ח	צ	י	ה	א	י	ל	א	א	ם
ל	ס	צ	ל	ע	ע	ס	נ	צ	ם	א	א	צ	ח	ל
ש	א	ד	צ	ת	ח	ס	ב	י	ד	ד	ג	ס	ו	ף
ש	ח	ע	ד	ת	נ	ל	ח	ב	ע	א	ם	כ	ף	א
ל	ל	ח	ד	ר	ל	פ	ה	נ	ג	ג	כ	מ	ת	נ
מ	נ	ב	מ	ד	ב	מ	ע	ר	ה	ר	ד	נ	ו	ט
ס	א	פ	א	ג	ט	ר	כ	פ	ז	ה	ן	ר	ה	נ
ת	ד	צ	ג	ב	ר	ן	ר	י	נ	ג	ר	ע	ר	ח
צ	ה	ט	ש	ע	ף	ם	י	ן	ף	ג	צ	ב	מ	ג
פ	א	כ	צ	ה	ר	ג	ע	ש	ג	צ	ן	צ	ח	נ
ה	ג	ם	ש	ח	ה	ח	צ	צ	ד	צ	צ	ג	א	ע
ח	ס	ן	פ	א	ב	נ	ן	ם	ת	ם	ע	ת	מ	ב
ס	מ	א	ל	א	כ	מ	ס	ח	ן	צ	ו	ק	ד	א
ד	מ	ן	ה	ר	ב	ד	מ	ף	ל	ן	ו	ח	ר	ק
ה	ר	א	ו	א	ז	י	ס	ו	נ	י	י	ק	ו	א

אואזיס
אוקיינוס
חצי האי
נהר
ים
ביצה
טונדרה
עמק
הר געש
מפל

חוף
מערה
צוק
מדבר
גייזר
גבעה
קרחון
אי
אגם
הר

86 - Plants

צ	ש	ד	ג	ת	י	ע	ו	ע	ש	מ	ב	ח	ט	ג
ע	א	ש	ד	ץ	ע	ל	ג	ד	ו	ל	מ	ב	נ	ס
פ	ס	ן	ט	ח	ר	פ	כ	ש	ן	ס	ב	ג	ם	ר
ת	ר	ת	ו	כ	י	ל	ע	ו	ת	ש	ו	ם	ף	ב
פ	ב	י	ם	ח	ג	ף	ף	ר	ן	כ	ק	ט	ה	ר
פ	ם	כ	ח	ן	ע	ן	נ	ש	ר	ג	פ	כ	ק	י
ע	ט	ן	ר	ה	ל	ס	ש	נ	נ	ס	ו	ס	י	ק
ע	ָ	ל	.	י	ם	ס	פ	ת	ט	ר	ג	צ	נ	ב
ס	ב	ם	נ	י	ר	ר	ה	נ	ת	ה	ע	א	ט	כ
ף	ר	ג	ם	ח	ד	ב	נ	ם	ב	צ	צ	פ	ו	ם
ם	צ	א	ס	מ	ב	ל	ה	מ	ו	ר	א	ה	ב	ג
נ	ן	ה	ג	צ	ל	ב	א	כ	ש	ט	ט	ס	ח	צ
ל	צ	ר	ש	נ	פ	ל	ח	ד	ח	ד	ף	ה	נ	ג
ח	נ	ל	ד	ף	ף	ה	צ	כ	ב	ד	ב	ר	ד	ס
ב	ב	צ	פ	צ	ג	ע	ש	ע	ה	ג	ח	ם	ע	ס

במבוק
שעועית
ברי
פריחה
בוטניקה
בוש
קקטוס
דשן
פרח
עָלים

יער
גן
דשא
לגדול
קיסוס
טחב
עלי כותרת
שורש
עץ
צמחייה

87 - Boxing

ד	ת	ד	ת	מ	ע	ס	ב	מ	י	ר	י	ב	נ	פ
ר	נ	צ	ר	י	ם	ח	נ	ה	נ	ו	ש	ר	ק	ט
ל	ו	ח	ם	ו	ט	צ	ד	ט	ל	ז	ם	ף	ו	ג
ב	ס	ג	א	מ	כ	ר	צ	י	ר	ח	פ	ו	ד	פ
ד	ש	ע	ב	נ	נ	פ	ד	ע	ש	ש	ה	ר	ו	ס
ש	ו	פ	ט	ו	ט	ם	פ	ב	ן	ת	ס	ג	ת	פ
ג	ן	ב	ח	ת	פ	מ	ש	ו	ט	ו	ד	א	ו	י
מ	נ	ט	א	ה	ע	כ	ו	ש	ת	מ	ג	ט	ע	נ
א	ס	ת	ר	נ	מ	כ	נ	ק	ט	ח	ל	ף	י	ה
ח	ב	ל	י	ם	ו	ו	ע	ט	ד	מ	ר	ב	צ	פ
ס	ר	ט	ש	ל	ן	ח	ה	צ	ן	ר	ע	כ	פ	ט
ג	צ	ש	ל	ט	ב	ג	ח	א	ס	פ	ב	ר	ש	ע
ף	נ	כ	ש	ן	ן	צ	ר	ן	ש	ק	ע	ם	ף	מ
ה	ש	ת	ע	ס	כ	ף	ף	ע	פ	מ	ל	כ	ן	כ
ת	ר	פ	ת	ד	ל	ל	ר	ל	ר	ן	ב	ף	ל	פ

פעמון
גוף
סנטר
פינה
מרפק
מותש
לוחם
אגרוף
מוקד
כפפות

פציעות
בעיטה
יריב
נקודות
שחזור
שופט
חבלים
מיומנות
כוח

88 - Countries #2

י	א	ש	ף	ס	ל	ב	ה	ג	ן	ר	ו	ס	י	ה
ו	ו	פ	ה	י	ר	ב	י	ל	ף	ר	א	נ	מ	ס
ו	ק	ן	י	ד	ב	ה	נ	ה	ל	ע	מ	ח	ת	ה
ן	ר	ת	ר	ח	ף	ד	ת	ו	ג	ע	ם	ל	ן	ש
ע	א	ח	ג	ח	נ	נ	ם	ח	ן	ח	ה	מ	פ	ת
ע	י	א	י	ד	ה	ג	מ	א	ר	פ	ק	ד	ד	ט
ף	נ	ט	נ	א	ס	ו	ד	ן	פ	ק	י	ס	ט	ן
ן	ה	ט	ר	נ	פ	א	ל	ש	ן	ב	י	ם	ר	כ
ח	ט	ע	ב	ח	ם	כ	ה	פ	ש	ף	מ	ר	ם	ע
ס	ס	ו	מ	ל	י	ה	ש	ב	צ	י	ג	ן	ח	ש
מ	ו	ק	י	ס	ק	מ	ט	ל	צ	ט	פ	מ	ד	ב
ג	א	ר	א	ת	י	ו	פ	י	ה	י	ע	ן	א	ל
כ	ל	מ	י	ן	ב	ס	ש	ת	ד	א	ם	ר	ע	ל
ט	ר	נ	צ	ה	י	נ	ב	ל	א	ה	ע	פ	ם	ט
ח	ס	ד	מ	ע	ן	ג	ס	ם	מ	ן	ל	ן	ת	ר

אלבניה
דנמרק
אתיופיה
יוון
האיטי
ג'מייקה
יפן
לאוס
לבנון
ליבריה

מקסיקו
נפאל
ניגריה
פקיסטן
רוסיה
סומליה
סודן
סוריה
אוגנדה
אוקראינה

89 - Adjectives #2

מ	ן	מ	ן	ג	ס	ח	ם	צ	א	ב	ה	ה	ג	ג
א	א	ע	כ	מ	צ	ד	פ	פ	ף	ג	ה	ה	ל	ה
פ	ח	נ	כ	ד	ס	ש	כ	צ	ת	ס	מ	ט	ן	נ
ב	ס	י	ד	י	צ	י	ר	ת	י	ר	ו	א	י	ת
ח	ט	י	מ	ט	ל	מ	י	א	ר	ח	א	נ	ב	פ
א	ב	ן	פ	נ	פ	צ	נ	ש	ף	ן	ו	צ	י	ח
ב	ע	ף	ו	ת	ט	ח	ו	ל	מ	נ	ע	ח	ט	ס
ד	י	א	ר	ו	ם	ע	א	ן	ש	ו	ח	ז	ק	ח
ל	ה	ג	ס	א	ן	ל	ב	י	ש	ח	כ	ן	ו	ס
ב	ת	ן	ם	ר	ג	א	צ	ט	ה	מ	פ	צ	ד	ל
ת	ב	ע	ע	נ	ם	ם	א	נ	ש	ה	ת	פ	ו	י
ד	כ	ב	ט	ם	ה	ג	ס	ט	ד	ן	ג	ס	ר	ב
מ	ל	י	מ	ה	ע	צ	ט	ר	ש	ה	א	ג	פ	ש
א	י	ר	ב	ע	נ	ל	נ	ל	כ	ה	א	ט	ס	ף
ג	ל	ב	פ	י	א	ר	פ	צ	נ	כ	נ	ף	כ	מ

אותנטי
יצירתי
תיאורי
יבש
אלגנטי
מפורסם
מחונן
בריא
חם
רעב

מעניין
טבעי
חדש
פרודוקטיבי
גאה
אחראי
מלוח
ישנוני
חזק
פראי

90 - Psychology

ט	ה	ה	ח	ה	ש	פ	ע	ו	ת	ה	י	ע	ב	א
י	ש	ע	מ	ף	צ	ף	כ	ב	ו	ת	ע	ד	ף	י
פ	א	ף	מ	ת	ה	ד	ב	ע	ד	נ	ת	ו	ל	ש
ו	ל	ב	ש	צ	א	ע	ן	ע	ל	ג	פ	מ	ר	י
ל	ל	פ	ס	א	י	ל	ר	ר	י	ש	י	א	צ	ו
ת	ח	נ	ם	ן	נ	א	ר	כ	ד	ו	ס	ל	ב	ת
ח	ב	ל	ח	צ	י	ת	ו	ן	ה	ת	ה	ן	ן	ו
ו	כ	ף	א	מ	ל	א	ן	ת	א	צ	מ	צ	פ	ג
ש	ס	ס	צ	ע	ק	ק	ו	ג	נ	י	צ	י	ה	ה
ה	פ	מ	ח	ש	ב	ו	ת	ח	ל	ו	מ	ו	ת	נ
ח	ו	ו	י	ו	ת	ג	ט	ו	ן	ל	צ	ן	א	ת
ט	ד	ב	ת	ת	צ	א	ף	ש	ש	ד	ג	ש	ר	ה
ד	ר	ע	י	ו	נ	ו	ת	ב	ף	ג	ב	ס	ע	ת
ה	כ	ס	ג	ח	ע	ל	פ	ש	פ	א	ר	ח	ס	פ
פ	ת	ב	ן	ג	ש	ח	ס	ח	נ	ן	נ	כ	ג	ל

הערכה
התנהגות
ילדות
קליני
קוגניציה
התנגשות
חלומות
אגו
רגשות
חוויות

רעיונות
השפעות
תפיסה
אישיות
בעיה
מציאות
תחושה
טיפול
מחשבות
לא מודע

91 - Math

ע	ן	ס	כ	ת	נ	ב	ש	מ	מ	ה	ף	א	ד	ח
ת	ן	מ	ק	ב	י	ל	ח	ק	ע	י	ס	ס	ש	ל
ה	י	ר	ט	מ	ו	א	ג	ב	ל	ק	כ	ב	צ	ל
א	ד	ב	ע	ש	ר	ו	נ	י	ו	ף	ו	ף	ה	ב
פ	ה	ש	מ	ם	ו	כ	ס	ל	ת	ן	ל	נ	א	ם
ג	ן	ב	ט	צ	צ	ג	ם	י	ם	י	ר	פ	ס	מ
א	ט	ל	ז	ו	ו	י	ו	ת	ג	ר	ט	ר	פ	ה
ב	ש	ת	ע	ך	י	ר	ע	מ	נ	ג	ר	ב	ל	ה
ה	ן	כ	ה	ב	ה	י	ר	ט	מ	י	ס	ט	מ	כ
ג	מ	ש	ח	א	ד	א	ה	ט	ה	ט	ס	ע	פ	צ
ח	ט	ע	ו	ר	ח	א	ף	ס	פ	ב	ן	ב	ל	מ
ב	ה	ו	ט	ג	ב	ש	ג	ף	ל	ש	ע	מ	פ	ת
ת	ש	ם	ף	ד	כ	צ	ס	ש	כ	ר	ר	ט	ו	ק
מ	א	ר	כ	י	כ	מ	ט	פ	ל	פ	ה	ע	ט	ג
ש	ח	פ	נ	ג	צ	ם	ע	ל	ו	צ	מ	מ	ט	ם

זוויות
חשבון
עשרוני
מעלות
קוטר
משוואה
מעריך
שבר
גאומטריה
מספרים

מקביל
מקבילית
היקף
מצולע
מלבן
כיכר
סכום
סימטריה
משולש
נפח

92 - Activities

ס	ר	י	ג	ה	צ	מ	מ	נ	ק	ה	ר	פ	י	ה
נ	ה	ף	ת	ל	י	ג	ל	ס	ר	ס	מ	ה	ש	ב
ב	ד	ם	מ	ם	ל	נ	א	ש	י	כ	ד	ב	מ	א
כ	ג	ם	ט	ס	ו	ב	כ	ם	א	ם	א	ל	ג	י
פ	ח	ן	ד	ק	ם	ד	ת	צ	ה	ר	י	פ	ת	נ
פ	נ	נ	א	מ	ג	כ	י	ש	י	ס	ף	פ	ה	ט
נ	א	ט	ן	פ	ג	י	ד	צ	ה	ד	ק	ס	ם	ר
א	ם	ם	ר	י	ת	ו	נ	מ	ו	י	מ	מ	י	ס
י	כ	צ	א	נ	כ	ף	ת	ו	נ	מ	א	ב	ק	י
ד	ם	ל	ה	ג	ח	ד	ו	ע	ן	פ	כ	ל	ח	ם
ם	ר	נ	ע	א	ח	ש	ל	ר	נ	ד	ם	ה	ש	י
א	ת	ב	ס	ע	ה	ש	י	ח	א	ו	מ	ם	מ	ל
ל	ן	נ	ב	ף	ס	ן	ע	ש	ה	ק	ג	צ	א	ו
ג	ש	ת	ע	ה	ש	ב	פ	ד	ס	י	כ	ן	ע	י
ב	ט	ש	צ	ע	ף	פ	ס	ד	נ	ר	א	ד	ש	ט

פעילות
אמנות
קמפינג
מלאכת יד
ריקוד
דיג
משחקים
גינון
טיולים
ציד

אינטרסים
סריגה
פנאי
קסם
צילום
תענוג
קריאה
הרפיה
תפירה
מיומנות

93 - Business

פ	נ	ם	ט	ח	ס	נ	ס	ל	ת	ם	כ	ם	ש	ל
ם	נ	ה	ג	ס	ה	צ	ת	נ	ת	ה	ן	י	א	ה
ס	ל	ע	פ	מ	פ	ב	ט	ע	ע	ן	כ	ס	ף	ס
ח	ה	ש	ק	ע	ה	ה	מ	ן	ו	מ	י	מ	ם	צ
ו	נ	ס	צ	ן	א	ל	ח	ב	ב	פ	ם	ל	ן	ח
ר	מ	ג	נ	ה	נ	ג	ל	י	ד	ה	ס	ס	ף	כ
ה	ר	ס	ה	כ	צ	צ	מ	צ	ר	ש	ט	ן	ם	א
ב	ל	כ	ל	ה	ה	ש	ש	ק	ק	כ	ת	ב	ם	ד
נ	כ	נ	פ	צ	ח	נ	ו	ת	ר	י	ל	ש	ח	כ
ח	ה	נ	ח	ה	ף	ג	פ	ו	י	ד	ס	מ	ת	א
ף	ב	ג	ח	ר	ג	ה	ח	ל	י	ע	ג	ע	פ	ב
ס	מ	ר	צ	י	ם	צ	ף	ע	ר	כ	ת	ר	מ	ן
ף	ש	ע	ה	כ	ס	ש	ן	ב	ה	מ	ש	ס	ש	א
ם	ר	ל	נ	מ	ה	ת	כ	ט	צ	נ	ה	ל	ש	ה
ף	ד	ף	ס	נ	ט	ב	ם	מ	פ	צ	צ	מ	א	ת

תקציב
קריירה
חברה
עלות
מטבע
הנחה
כלכלה
עובד
מעסיק
מפעל

מימון
הכנסה
השקעה
מנהל
סחורה
כסף
משרד
מכירה
חנות
מסים

94 - The Company

א	ף	מ	ש	א	ב	י	ם	ף	צ	ף	ן	מ	ן	ת
ה	ת	ק	ד	מ	ו	ת	ה	ה	ר	ר	כ	ה	נ	ע
ס	ו	צ	ד	ף	כ	צ	פ	ע	ס	ב	צ	ן	ב	ס
ת	ר	כ	ש	ן	ה	ם	ס	ק	ם	נ	ם	כ	ף	ו
צ	ש	ע	ר	ר	ה	י	י	ש	ע	ת	ג	צ	מ	ק
נ	פ	ע	כ	ח	ה	נ	ח	ה	כ	ג	ד	ן	ג	ה
נ	א	צ	ם	ר	צ	ו	מ	י	ב	ה	ד	ח	מ	ב
י	צ	י	ר	ת	י	כ	ש	ע	ד	ת	ע	ד	ו	ע
ש	כ	ר	ד	ה	ן	י	ט	י	נ	ו	מ	ש	ת	ם
א	י	כ	ו	ת	ח	ס	ל	צ	ס	ג	ת	נ	ו	ע
ן	ת	ח	נ	ע	ן	ל	ד	מ	כ	ר	ה	י	ס	ר
ה	כ	ש	מ	ן	ס	צ	ט	ל	ש	ה	ן	ב	נ	ג
ג	ח	ש	ת	ל	ן	ק	ה	ה	כ	ח	א	ת	כ	ע
מ	ק	צ	ו	ע	י	כ	י	ג	ל	ט	ר	ר	ה	ש
ט	ח	ם	ת	פ	ן	ר	ף	ם	נ	ם	ג	ס	ג	צ

עסקים
יצירתי
החלטה
תעסוקה
תעשייה
חדשני
השקעה
אפשרות
מצגת
מוצר
מקצועי
התקדמות
איכות
מוניטין
משאבים
הכנסות
סיכונים
מגמות
יחידות
שכר

95 - Literature

מ	ח	ב	ר	ג	ב	פ	ט	ד	נ	ם	מ	ע	א	ה
א	ש	ו	נ	ת	כ	ר	ע	י	י	ב	ט	א	נ	ש
ע	נ	י	ת	ע	ת	ם	ע	א	ת	ה	פ	פ	ק	ד
א	ן	ד	ר	ו	א	י	ת	ל	ו	ש	ו	צ	ד	פ
ג	פ	ב	צ	ק	כ	ם	ג	ו	ח	ו	ר	ט	ו	ש
ר	ף	ד	ח	ט	ן	ר	ס	ג	ג	ו	ה	ד	ט	א
ם	ל	י	ט	א	ו	פ	ב	י	ל	א	ט	ת	ה	נ
ת	ד	ו	א	א	נ	ע	ל	י	כ	ה	נ	ט	י	ל
ר	ה	נ	ש	ת	ג	ן	ל	ף	ו	ו	א	ם	ד	ו
ד	ם	י	מ	ח	ס	ף	ם	נ	כ	ג	ם	נ	ג	ג
צ	ה	כ	ר	ה	ג	ב	ר	ם	א	צ	ר	ד	ר	י
ה	ש	פ	ף	מ	ף	ה	כ	פ	מ	ג	ל	פ	ט	ה
ק	ר	י	י	ן	מ	ו	ר	ף	ד	א	ש	ד	י	ת
צ	ת	ב	צ	נ	ס	ג	ף	ף	נ	מ	ר	ה	ד	ה
ש	ל	ת	ח	ר	ו	ז	ע	ת	ח	ט	ן	ס	פ	מ

אנלוגיה
ניתוח
אנקדוטה
מחבר
ביוגרפיה
השוואה
סיכום
תיאור
דיאלוג
בדיוני

מטפורה
קריין
רומן
שיר
פואטי
חרוז
קצב
סגנון
ערכת נושא
טרגדיה

96 - Geography

צ פ ס כ ל ם א א ת ע ט פ ד ד מ
א א ט ד ף מ ג ח ש ט ח א ף כ ד
פ ס ר צ ם ט ד ט ב א ט ל ס א ן
ן ו נ ת מ ר י ד י א ן ף ה ח מ
ם נ ה ג ל ס ד ט מ ד י נ ה מ ב
ל י ר י ה ר פ ס י מ ה ב ר ע מ
ו י פ ם פ ל צ ר ת ש ו ח ר י ע
ע ק ח ח מ ע ש ל ן ג נ ו ד ג ן
ם ו ם צ כ ת מ צ צ ם א ר ב ב א
ח א ח ן א נ ת ל ר ס ה ו א ע ז
ם ד ס ח ה ה ן ו פ צ ח ק ן ל ו
ר נ ג ת ר ב ן כ א א ח ס ש ג ר
ל ד ט נ מ מ ר ס א ן צ צ ל נ ע
ג א ש ס א ט ד א ר ף נ ח ד צ ת
ם ה ב צ ל ל ט ד ד א פ ג ר ה נ

הר
צפון
אוקיינוס
אזור
נהר
ים
דרום
שטח
מערב
עולם

גובה
אטלס
עיר
יבשת
מדינה
המיספרה
אי
קו רוחב
מפה
מרידיאן

97 - Jazz

ס ר י ש ת ז מ ו ר ת ח ן כ ש ן
ר ן א ן כ י ש ר ו ן ד ת נ ט ם
ג צ ש ב ת א ל ד ת ס ש ת צ ר ג
ל פ ר ש מ ן י ח ל מ ט ח ג ן ת
ש ר ע ן ף ת ר ז א נ ר צ נ ג ם
ף צ מ ס ב כ ן צ ע ט צ ט נ ח ר
ח ש ה ר ש ח כ ד ף ם נ מ א ם ח
פ ש ן ט פ ל ג ס ג נ ו ן ש י פ
ס צ צ מ ב ש ר פ מ ז ק נ ר פ צ
כ נ ל מ ו ע ד פ י ם א ל ב ו ם
ם מ ף ף ן ש פ ק א ס ב מ נ ת א
ה צ ר ט ף ט ה ף ט ר ב כ ר ה ת
ת ר נ א ן ט נ פ ר ו צ א ה ן ב
מ ר ף נ ר ע א ד נ פ ק ס צ צ ד
ל ה ה ק י נ כ ט ט מ ע ס פ נ ת

אלבום
אמן
מלחין
הרכב
קונצרט
תופים
דגש
מפורסם
מועדפים
ז'אנר

אלתור
מוזיקה
חדש
ישן
תזמורת
קצב
שיר
סגנון
כישרון
טכניקה

98 - Nature

פ	ב	ל	נ	ע	ר	א	כ	ד	ב	ו	ר	י	ם	ס
צ	ם	ם	מ	ד	ב	ר	ח	ס	ב	י	נ	ו	י	ח
ר	ם	ר	נ	מ	ע	ק	ר	ר	ג	א	צ	י	ק	א
ס	ן	פ	נ	ָ	א	ט	ע	ס	ע	ר	פ	ל	ו	צ
ח	ן	ל	ל	ן	ח	י	ו	ת	ד	ו	ה	ש	צ	צ
ס	ם	.	ה	ה	ט	ג	כ	ש	י	ף	א	ס	ת	ח
ף	י	ת	פ	ם	ם	ה	מ	פ	צ	ד	ן	ד	ם	ד
ם	ש	ה	ט	ר	ט	מ	ח	ט	ע	ר	ל	ל	נ	ט
י	ל	צ	ס	ת	ר	ר	ס	ר	צ	פ	ע	ד	צ	ל
נ	ו	מ	א	נ	ו	ה	ם	נ	מ	י	מ	נ	י	ד
נ	ו	כ	ס	ע	פ	ש	ע	ג	ח	פ	ן	ש	ט	א
ע	ה	ם	פ	מ	י	ס	ם	ג	ם	מ	ן	ל	ב	ת
ת	ן	ה	ר	ק	ר	נ	ה	ע	ב	ג	ר	ח	ח	ג
ח	א	ט	א	ל	ט	ה	ט	ם	א	כ	ל	כ	ח	ר
ע	ס	ם	י	ט	ק	ר	ח	ו	ן	ה	ק	י	ח	ש

חיות
ארקטי
יופי
דבורים
צוקים
עננים
מדבר
דינמי
שחיקה
ערפל
עָלִים
יער
קרחון
שליו
נהר
מקלט
שלווה
טרופי
חיוני
פראי

99 - Vacation #2

ב	י	פ	ס	צ	ח	מ	ק	מ	פ	י	נ	ג	ב	ו
ם	ן	ב	ש	ב	ג	ה	ס	ג	ד	א	פ	ח	פ	י
ה	פ	מ	ל	ו	ן	ע	ד	צ	ב	נ	ב	ן	ם	ז
פ	ן	ד	א	ל	ד	ס	ב	ד	ה	פ	ף	ו	ח	ה
ו	מ	ל	פ	ה	ע	מ	ח	ר	מ	ד	נ	כ	ה	ג
ע	ס	ר	ה	ר	י	ם	ת	ל	ה	צ	ט	ר	ח	ד
ת	ן	ב	ל	ו	ט	ה	ת	ע	ג	ן	ף	ד	ה	ל
ה	ף	ת	א	ב	ש	ל	צ	פ	ל	ן	ג	ה	ש	ר
ד	ן	י	ן	ח	א	ף	ם	ע	ג	ר	א	ח	ב	כ
ש	ב	נ	צ	ת	ב	פ	כ	ף	ם	ר	ג	א	ד	ב
כ	ל	ו	ג	נ	ג	ע	נ	ל	כ	נ	ף	א	מ	ת
ה	ף	מ	ב	פ	פ	ת	ם	ט	ם	ל	ן	ב	נ	ר
ר	ן	ד	ד	ע	ה	ף	א	פ	ל	ח	ע	ר	ע	א
מ	פ	מ	ב	ר	ז	ן	פ	א	ף	צ	ג	נ	כ	א
ם	ת	ף	פ	צ	ן	ד	ג	ב	א	פ	ל	ה	ו	א

מפה
הרים
דרכון
מסעדה
ים
מונית
אוהל
רכבת
תחבורה
ויזה

שדה תעופה
חוף
קמפינג
יעד
זר
חג
מלון
אי
מסע
פנאי

100 - Electricity

ה	ש	ש	כ	ל	כ	ה	א	ף	ג	ף	ת	ף	ג	פ
ש	ע	ק	ל	ת	ר	ש	ת	פ	ב	נ	א	ה	ב	ט
פ	פ	ע	א	ו	ב	י	י	ק	ט	י	ם	ב	א	ן
ש	ף	ף	פ	מ	ב	ש	ס	ף	ע	ש	ר	ל	ח	א
ט	ל	ש	ר	כ	ש	ס	ן	ם	כ	ס	נ	י	ס	ר
נ	צ	ף	ג	ן	ב	ס	ו	ל	ל	ה	ט	י	ו	ב
ג	ם	י	ט	ו	ח	ל	פ	א	פ	ם	ל	ז	ן	ן
מ	ע	א	ו	כ	א	ן	ל	ה	ר	ף	ו	ר	ת	ע
נ	ם	ל	ת	ד	ש	ף	ט	כ	ש	ח	ו	כ	ת	ס
ו	ע	מ	ג	ס	מ	ג	ד	ע	ל	א	י	מ	ף	ם
ר	ח	ש	מ	ל	י	ח	נ	ף	י	ת	ז	ס	ג	ג
ה	כ	ח	צ	פ	ה	מ	ו	פ	ל	ח	י	ן	ח	ט
ם	ם	ר	א	ח	נ	ט	ד	ל	י	ב	ה	ר	צ	ט
ח	י	ו	ב	י	ף	ר	נ	ת	ל	ר	ג	ס	ל	כ
ג	ג	ם	פ	ט	א	ט	ם	ע	ם	ת	ם	ן	ה	ט

סוללה
כבל
חשמלי
חשמלאי
ציוד
מחולל
מנורה
לייזר
מגנט
שלילי

רשת
אובייקטים
חיובי
כמות
שקע
אחסון
טלפון
טלוויזיה
חוטים

1 - Antiques

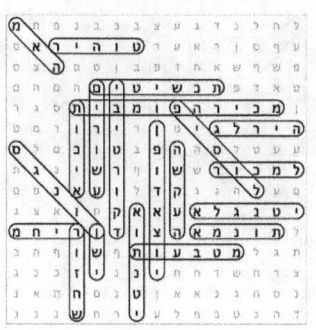

2 - Food #1

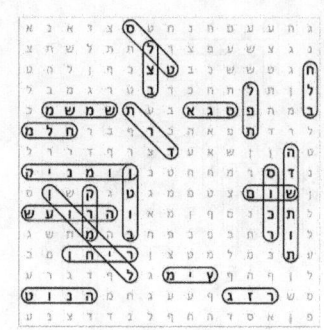

3 - Measurements

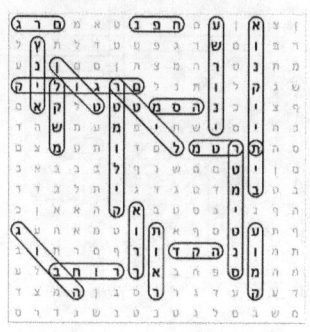

4 - Farm #2

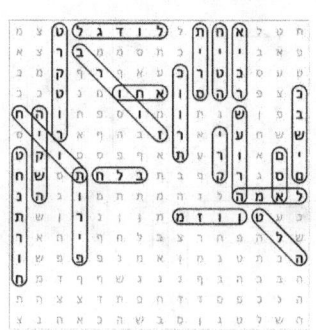

5 - Books

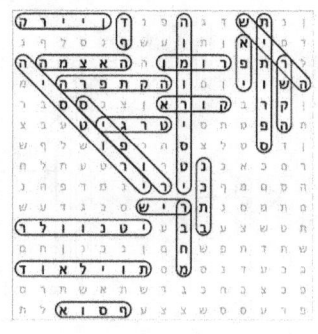

6 - Meditation

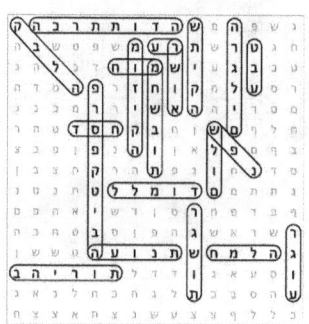

7 - Days and Months

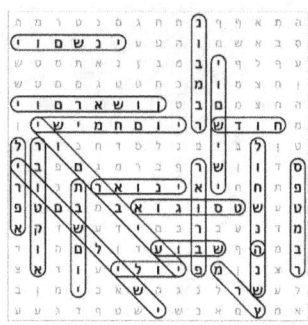

8 - Energy

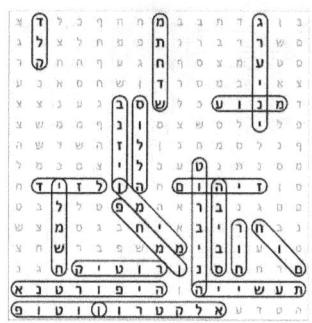

9 - Chess

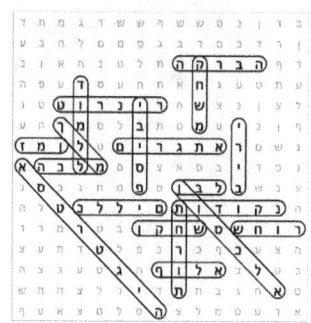

10 - Archeology

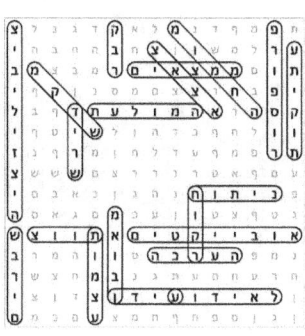

11 - Food #2

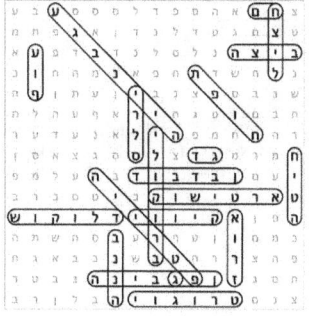

12 - Chemistry

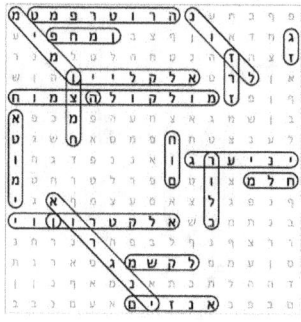

13 - Music

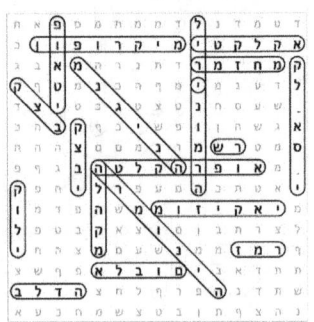

14 - Family

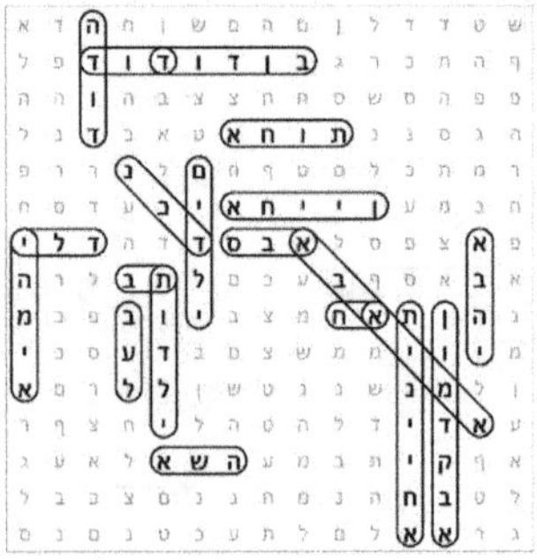

15 - Farm #1

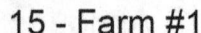
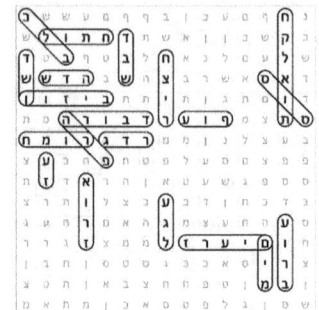

16 - Camping

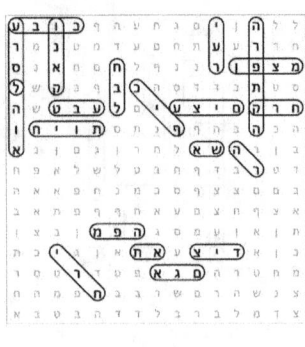

17 - Algebra

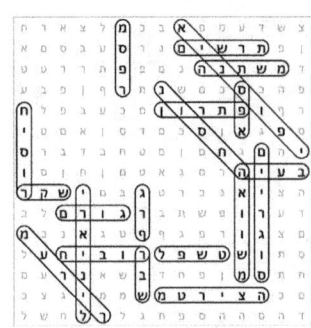

18 - Numbers

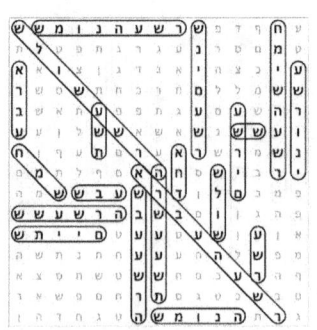

19 - Spices

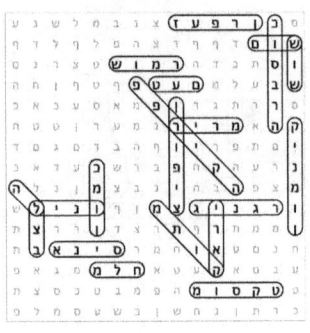

20 - Universe

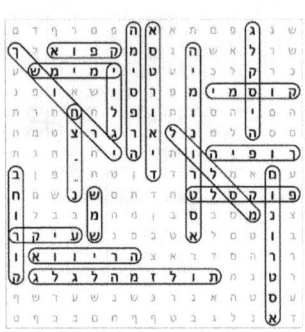

21 - Mammals

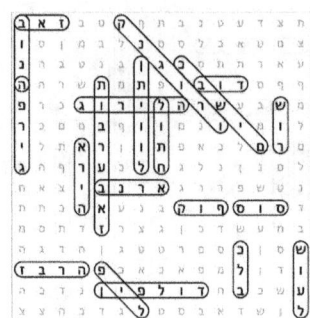

22 - Restaurant #1

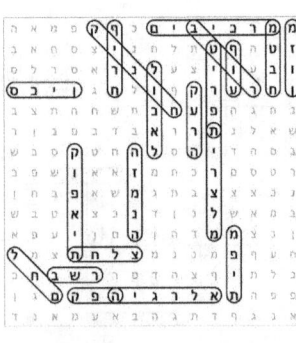

23 - Bees

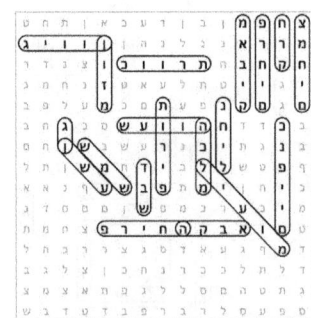

24 - Weather

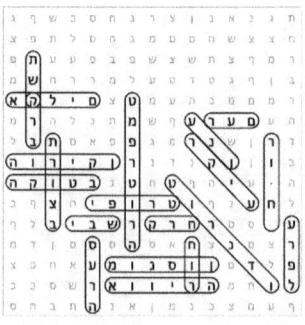

25 - Adventure

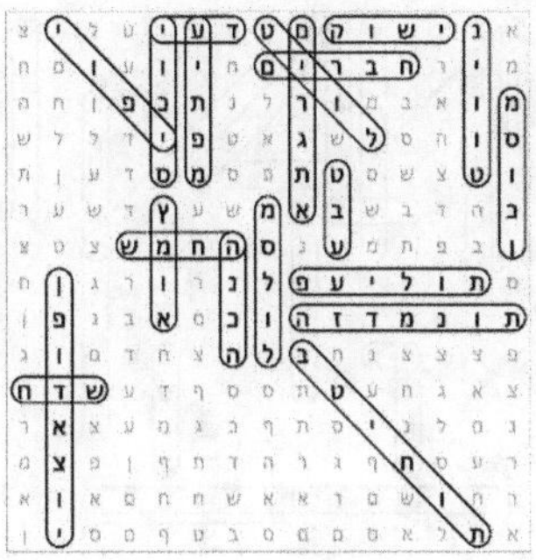

26 - Sport

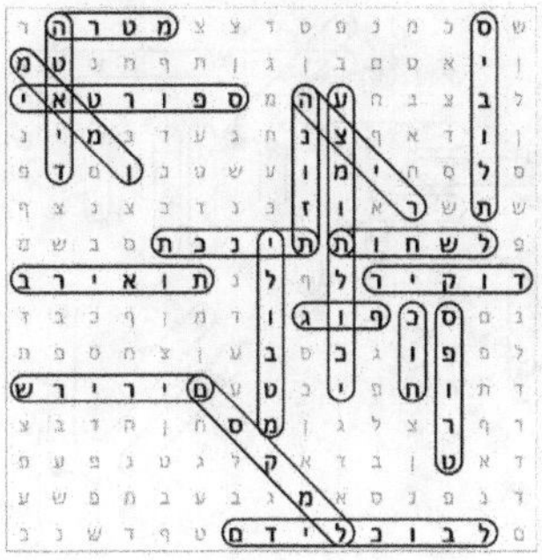

27 - Restaurant #2

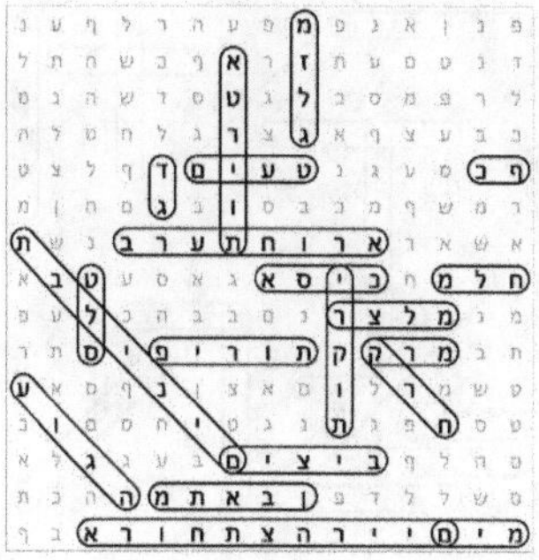

28 - Geology

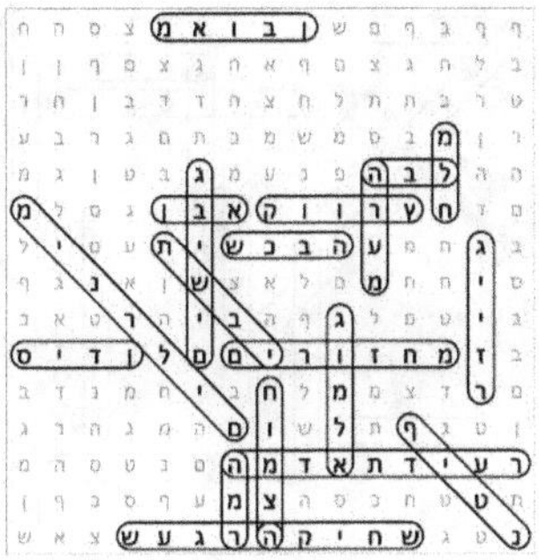

29 - House

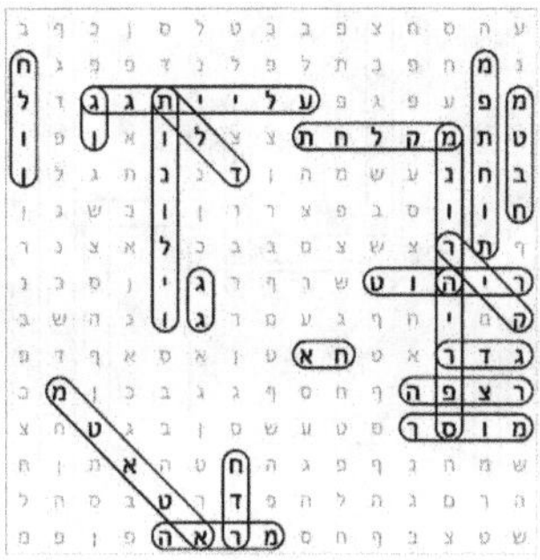

30 - Physics

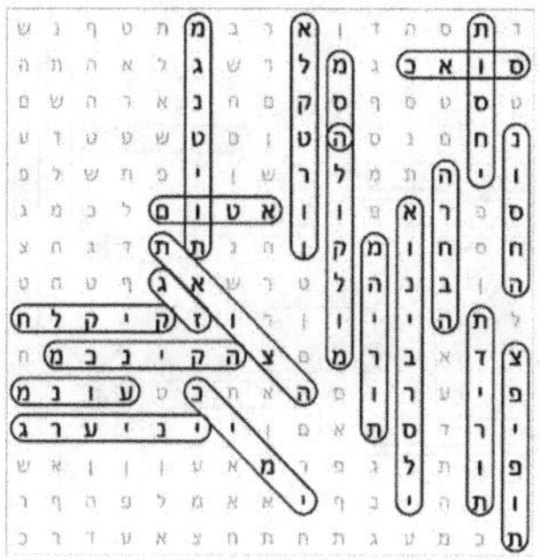

31 - Scientific Disciplines

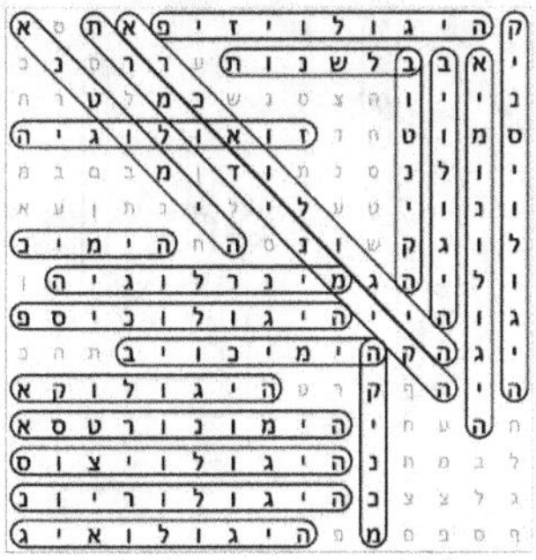

32 - Beauty

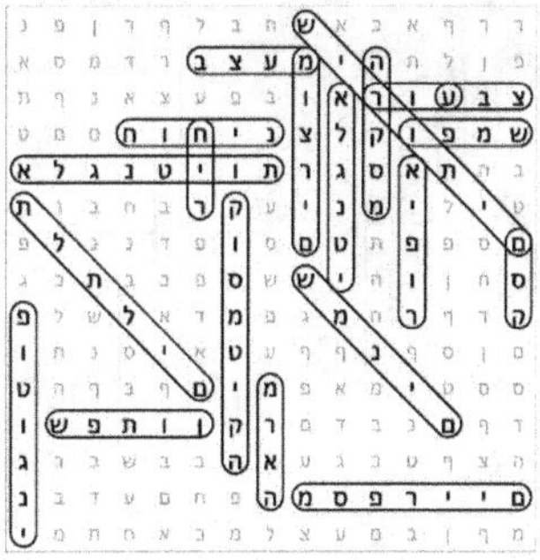

33 - Clothes

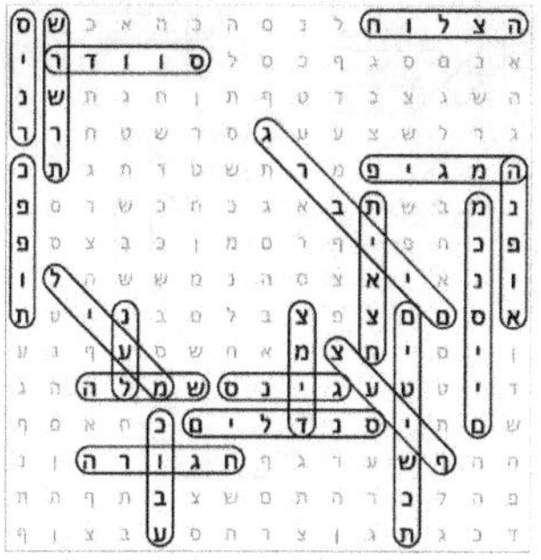

34 - Ethics

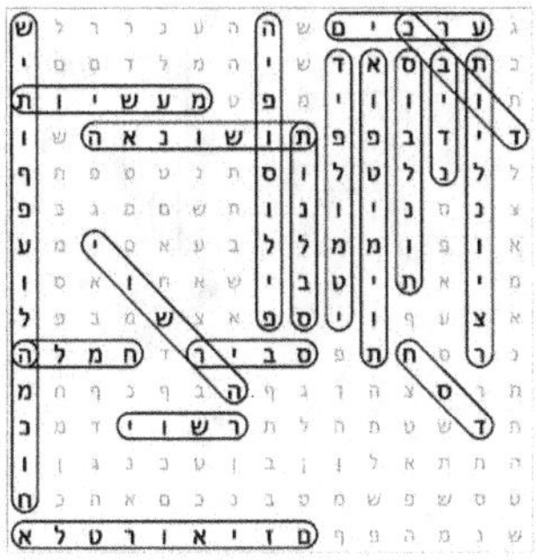

35 - Astronomy

36 - Health and Wellness #2

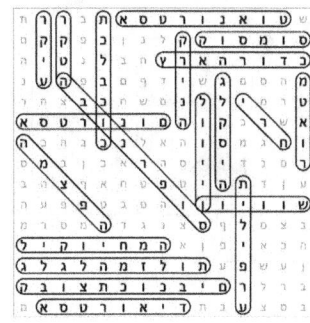
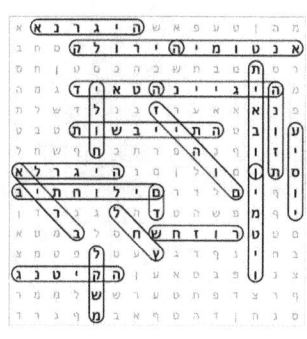

37 - Disease

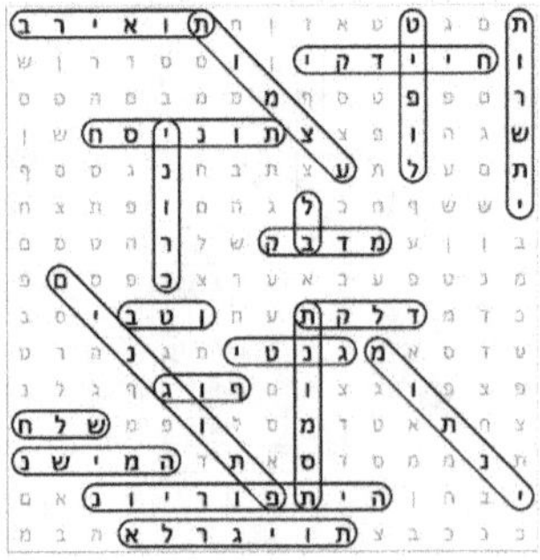

38 - Time

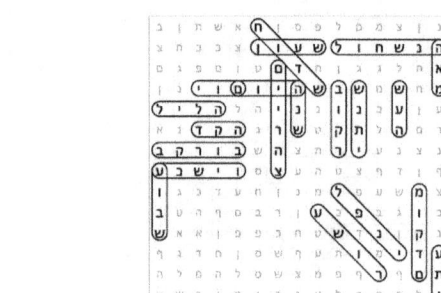

39 - Buildings

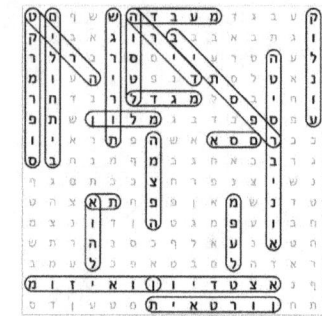

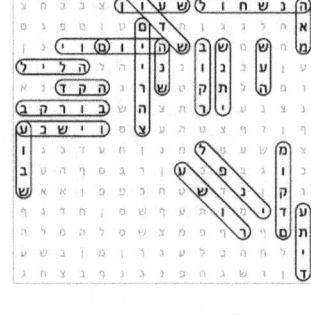

40 - Herbalism

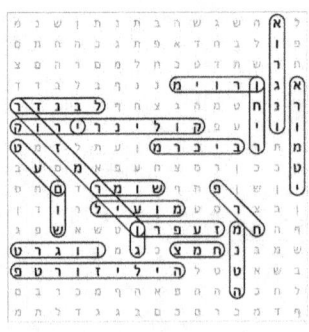

41 - Vehicles

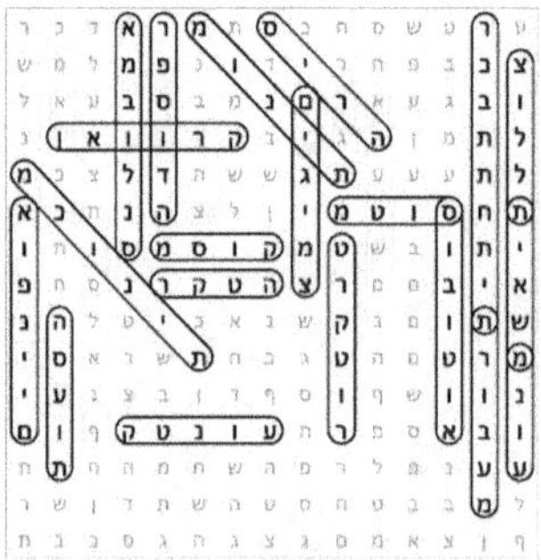

42 - Flowers

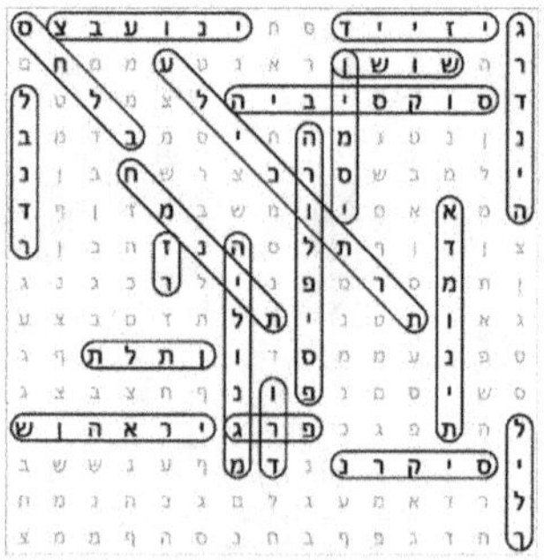

43 - Health and Wellness #1

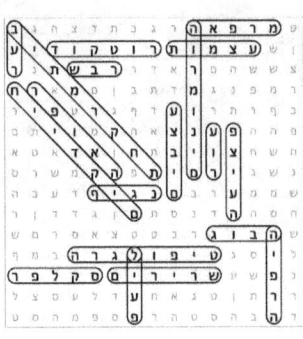

44 - Town

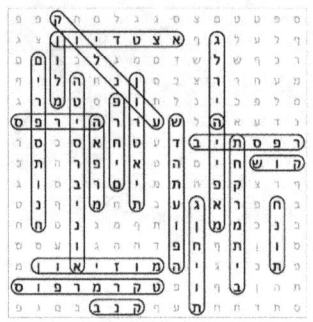

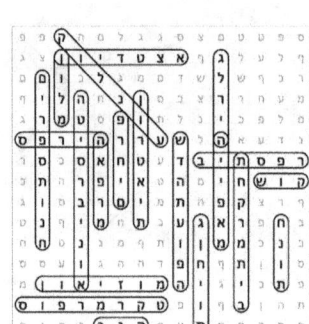

45 - Antarctica

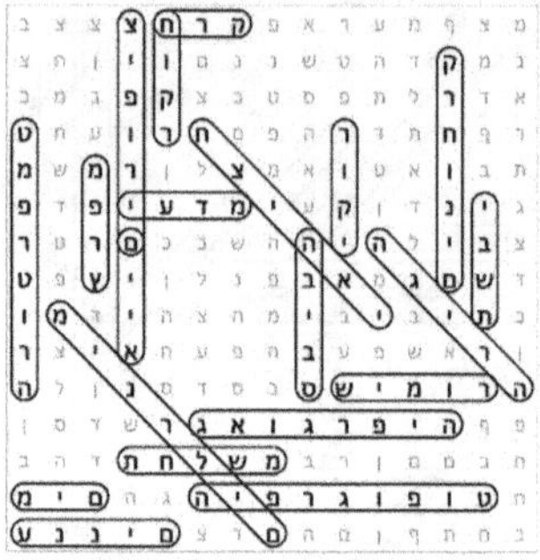

46 - Ballet

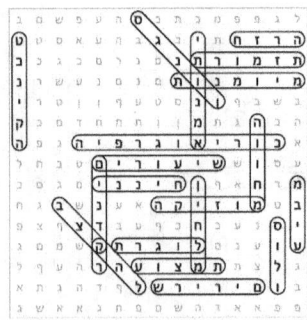

47 - Fashion

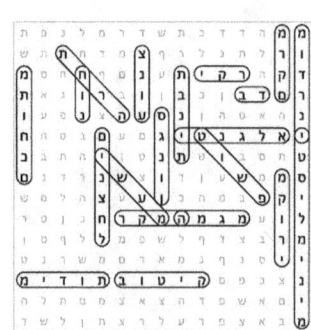

48 - Human Body

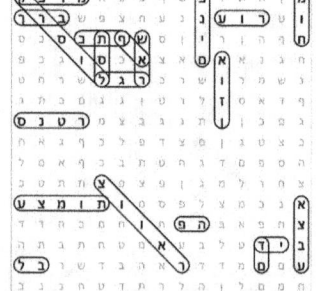

49 - Musical Instruments

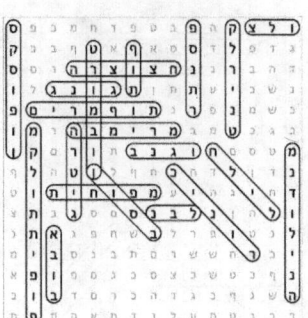

50 - Fruit

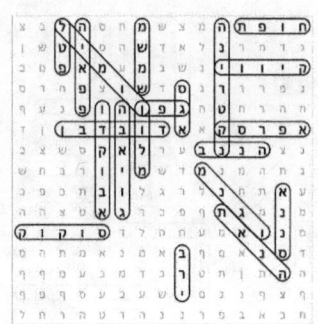

51 - Engineering

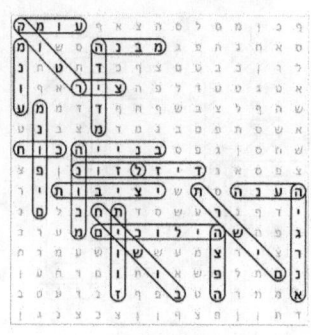

52 - Kitchen

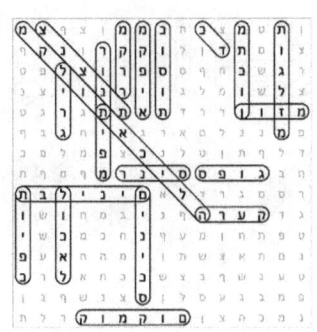

53 - Government

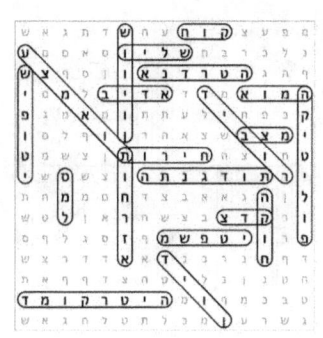

54 - Art Supplies

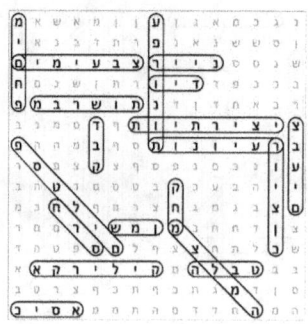

55 - Science Fiction

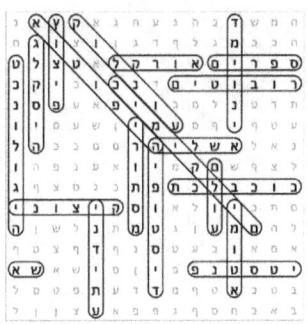

56 - Geometry

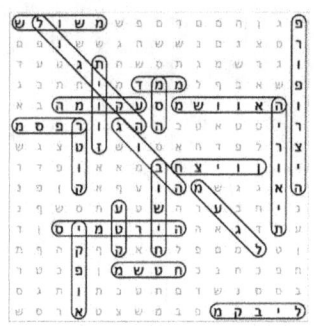

57 - Creativity

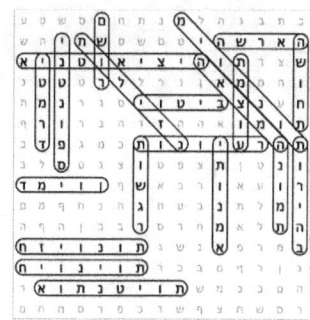

58 - Airplanes

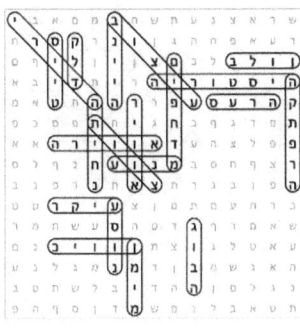

59 - Ocean

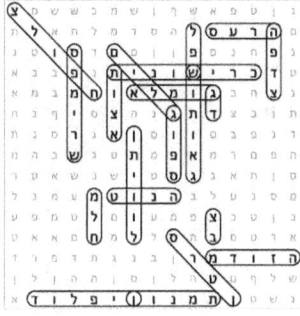

60 - Force and Gravity

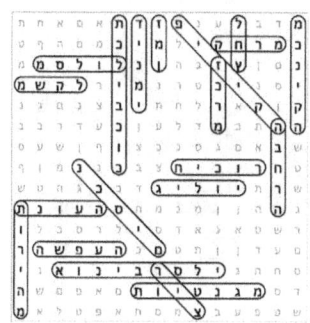

61 - Birds

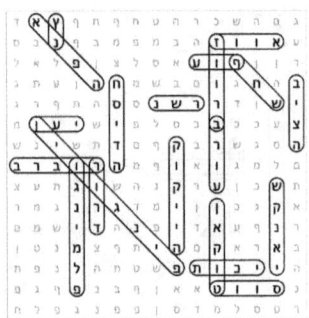

62 - Nutrition

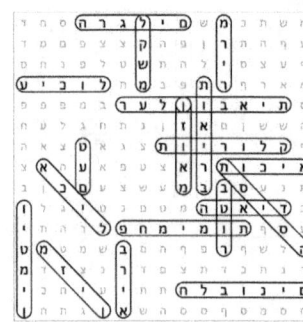

63 - Hiking

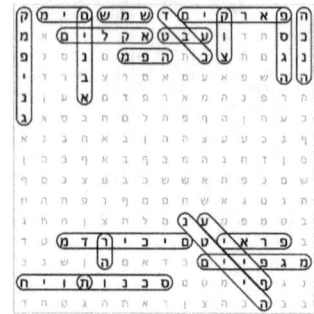

64 - Professions #1

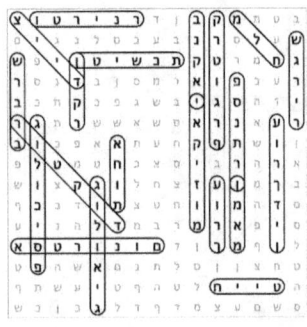

65 - Barbecues

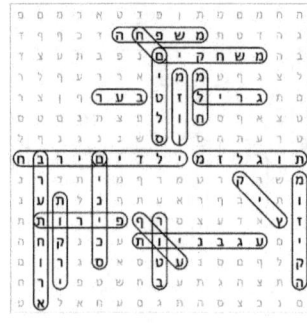

66 - Chocolate

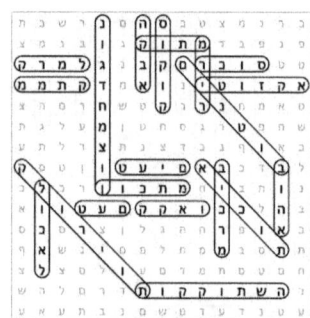

67 - Vegetables

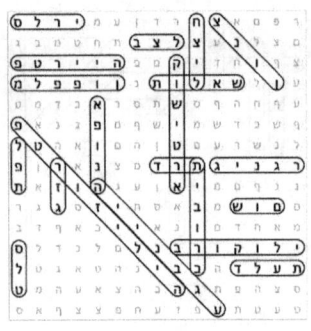

68 - The Media

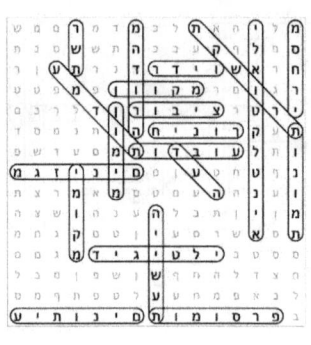

69 - Boats

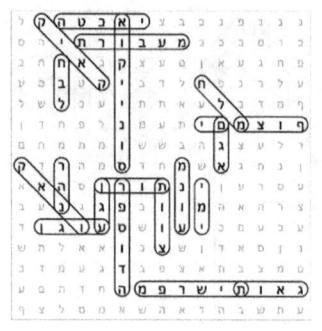

70 - Activities and Leisure

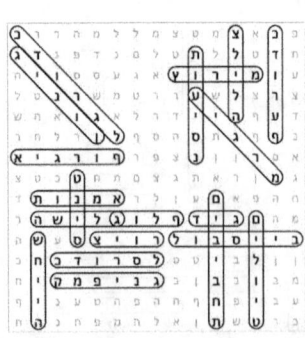

71 - Driving

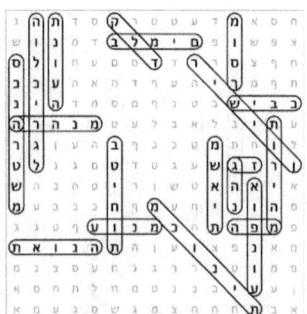

72 - Biology

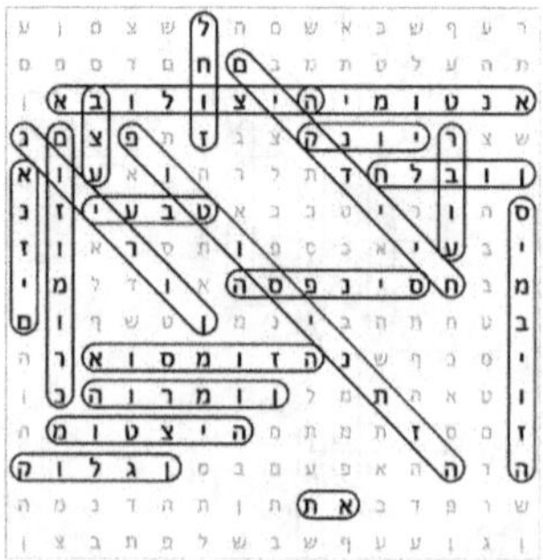

73 - Professions #2

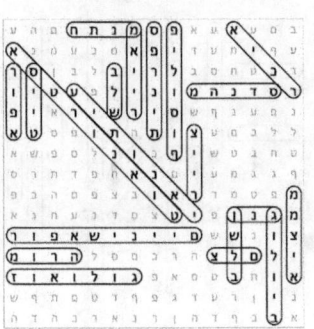

74 - Emotions

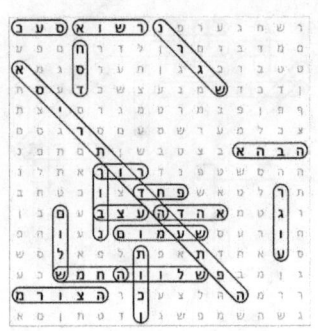

75 - Mythology

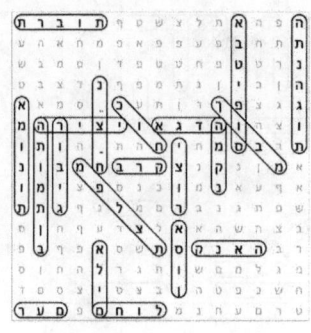

76 - Agronomy

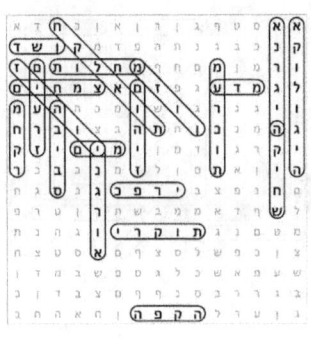

77 - Hair Types

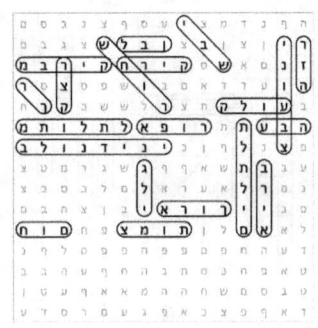

78 - Garden

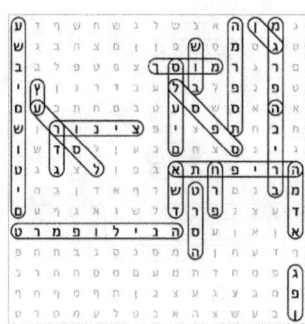

79 - Diplomacy

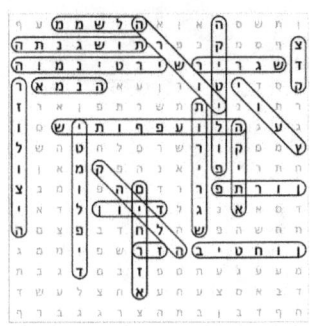

80 - Beach

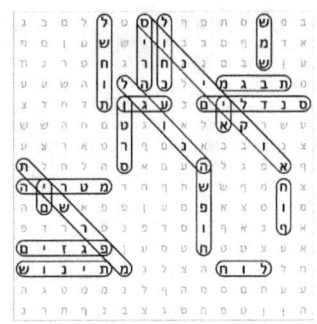

81 - Countries #1

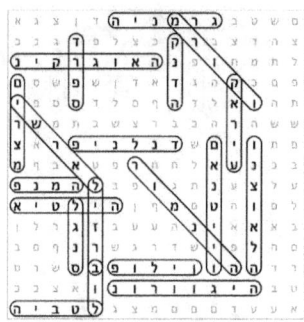

82 - Adjectives #1

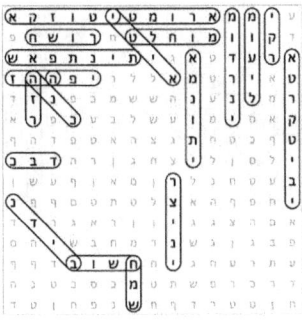

83 - Rainforest

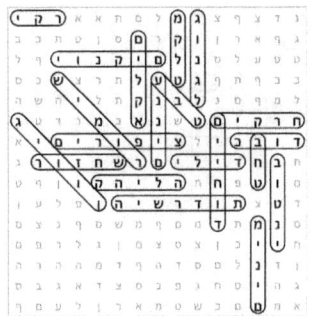

84 - Global Warming

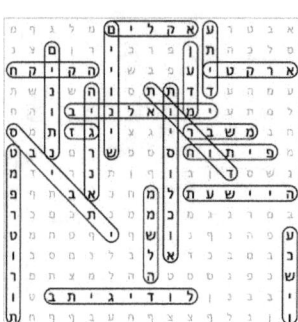

85 - Landscapes

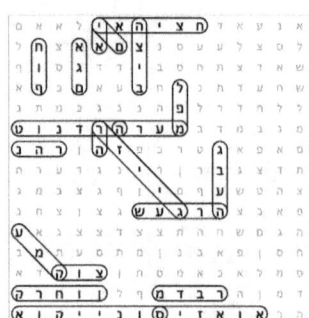

86 - Plants

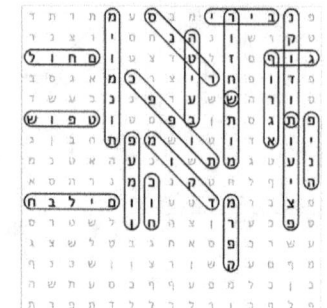

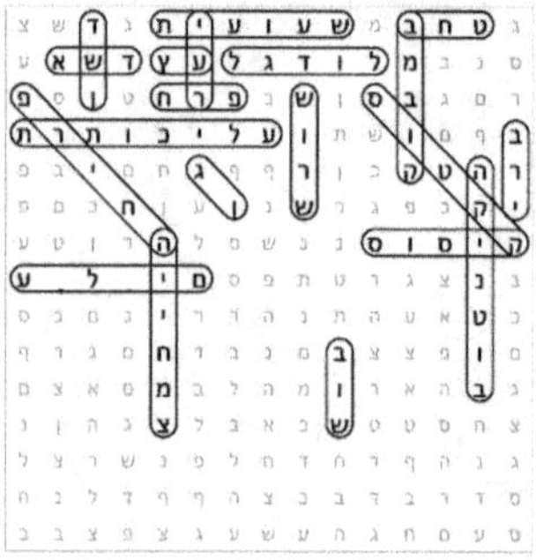

87 - Boxing

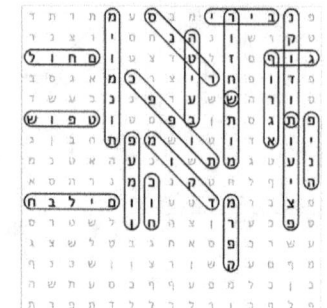

88 - Countries #2

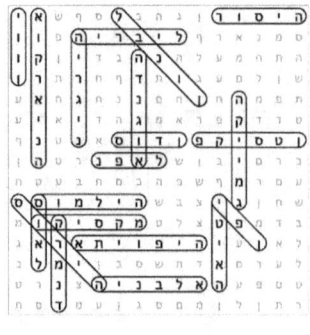

89 - Adjectives #2

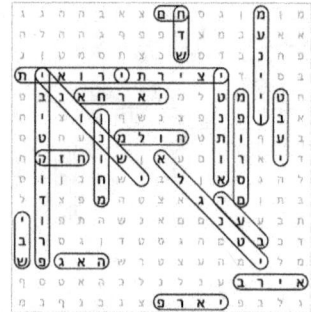

90 - Psychology

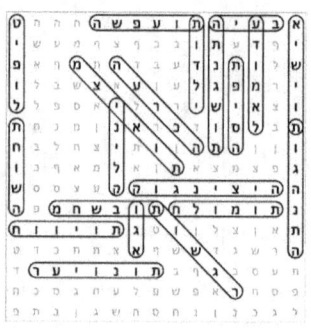

91 - Math

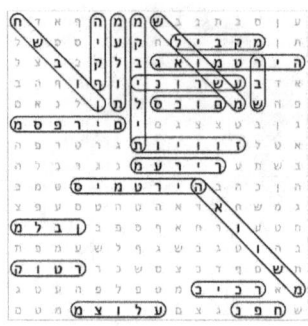

92 - Activities

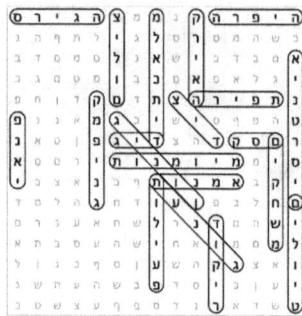

93 - Business

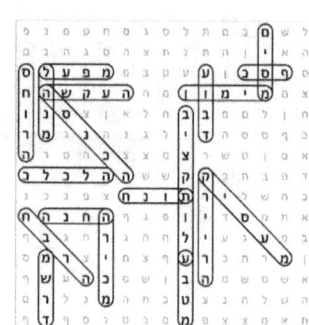

94 - The Company

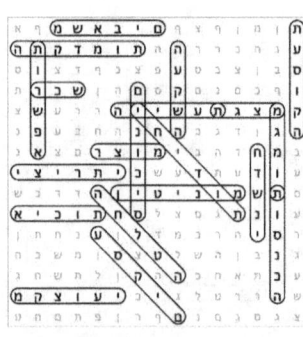

95 - Literature

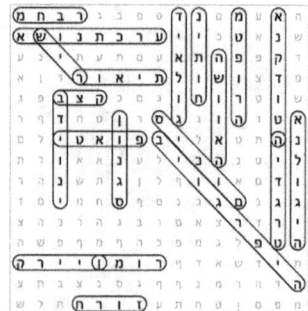

96 - Geography

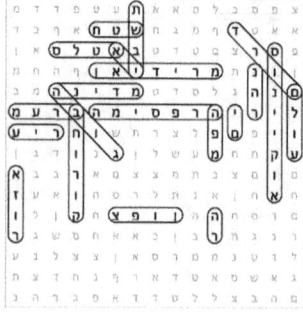

97 - Jazz

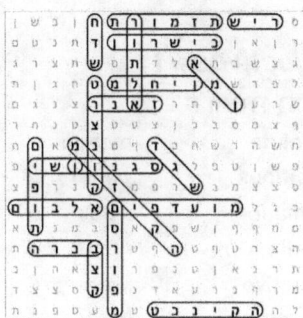

98 - Nature

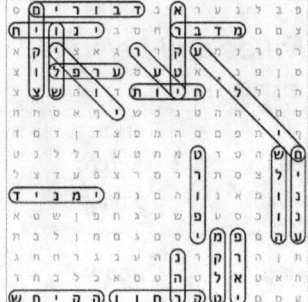

99 - Vacation #2

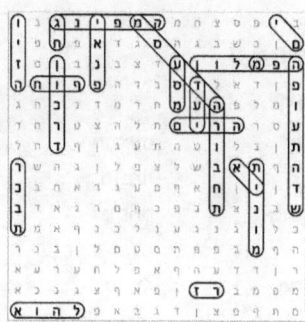

100 - Electricity

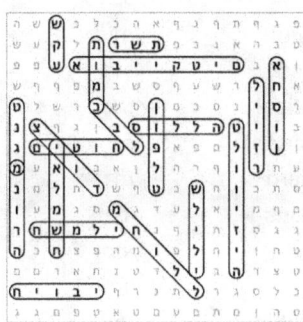

Dictionary

Activities

תוליעפ

Activity	תוליעפ
Art	תונמא
Camping	גניפמק
Crafts	די תכאלמ
Dancing	דוקיר
Fishing	גיד
Games	םיקחשמ
Gardening	ןוניג
Hiking	םילויט
Hunting	דיצ
Interests	םיסרטניא
Knitting	הגירס
Leisure	יאנפ
Magic	םסק
Photography	םוליצ
Pleasure	גונעת
Reading	האירק
Relaxation	היפרה
Sewing	הריפת
Skill	תונמוימ

Activities and Leisure

יאנפו תויוליעפ

Art	תונמא
Baseball	לובסייב
Basketball	לסרודכ
Boxing	ףורגיא
Camping	גניפמק
Diving	הלילצ
Fishing	גיד
Gardening	ןוניג
Golf	ףלוג
Hiking	םילויט
Hobbies	םיביבחת
Painting	רויצ
Racing	ץורימ
Relaxing	עיגרמ
Soccer	לגרודכ
Surfing	השילג
Swimming	הייחש
Tennis	סינט
Travel	תועיסנ
Volleyball	ףערודכ

Adjectives #1

#1 ראות תומש

Absolute	טלחומ
Ambitious	ינתפאש
Aromatic	יטמורא
Artistic	יתונמא
Attractive	יביטקרטא
Beautiful	הפי
Dark	ךושח
Exotic	יטוזקא
Generous	בידנ
Happy	חמש
Heavy	דבכ
Helpful	ליעומ
Honest	ןגה
Identical	ההז
Important	בושח
Modern	ינרדומ
Serious	ינוצר
Slow	יטיא
Thin	הזר
Valuable	רקי

Adjectives #2

#2 ראות תומש

Authentic	יטנתוא
Creative	יתריצי
Descriptive	ירואית
Dry	שבי
Elegant	יטנגלא
Famous	םסרופמ
Gifted	ןנוחמ
Healthy	אירב
Hot	םח
Hungry	בער
Interesting	ןיינעמ
Natural	יעבט
New	שדח
Productive	יביטקודורפ
Proud	האג
Responsible	יארחא
Salty	חולמ
Sleepy	ינונשי
Strong	קזח
Wild	יארפ

Adventure

הקתפרה

Activity	תוליעפ
Beauty	יפוי
Bravery	ץמוא
Challenges	םירגתא
Chance	יוכיס
Dangerous	ןכוסמ
Destination	דעי
Difficulty	ישוק
Excursion	לויט
Friends	םירבח
Itinerary	לולסמ
Joy	החמש
Nature	עבט
Navigation	טווינ
New	שדח
Opportunity	תונמדזה
Preparation	הנכה
Safety	תוחיטב
Surprising	עיתפמ
Unusual	ןפוד אצוי

Agronomy

הימונורגא

Agriculture	תואלקח
Diseases	תולחמ
Ecology	היגולוקא
Energy	היגרנא
Environment	הביבס
Erosion	הקיחש
Fertilizer	ןשד
Food	ןוזמ
Identification	יוהיז
Organic	ינגרוא
Plants	םיחמצ
Pollution	םוהיז
Production	הקפה
Rural	ירפכ
Science	עדמ
Seeds	םיערז
Study	רקחמ
Systems	תוכרעמ
Vegetables	תוקרי
Water	םימ

Airplanes
מטוסים

Adventure	הרפתקה
Air	אוויר
Atmosphere	אווירה
Balloon	בלון
Construction	בנייה
Crew	צוות
Descent	ירידה
Design	עיצוב
Direction	כיוון
Engine	מנוע
Fuel	דלק
Height	גובה
History	היסטוריה
Hydrogen	מימן
Landing	נחיתה
Passenger	נוסע
Pilot	טייס
Propellers	מדחפים
Sky	רקיע
Turbulence	סערה

Algebra
אלגברה

Addition	חיבור
Diagram	תרשים
Equation	משואה
Exponent	מעריך
Factor	גורם
False	שקר
Formula	נוסחה
Fraction	שבר
Graph	גרף
Infinite	אינסופי
Linear	ליניארי
Matrix	מטריצה
Number	מספר
Parenthesis	סוגריים
Problem	בעיה
Simplify	לפשט
Solution	פתרון
Subtraction	חיסור
Variable	משתנה
Zero	אפס

Antarctica
אנטארקטיקה

Bay	מפרץ
Birds	ציפורים
Clouds	עננים
Conservation	שימור
Continent	יבשת
Environment	סביבה
Expedition	משלחת
Geography	גאוגרפיה
Glaciers	קרחונים
Ice	קרח
Islands	איים
Migration	הגירה
Minerals	מינרלים
Peninsula	חצי אי
Researcher	חוקר
Rocky	סלעי
Scientific	מדעי
Temperature	טמפרטורה
Topography	טופוגרפיה
Water	מים

Antiques
עתיקות

Art	אמנות
Auction	מכירה פומבית
Authentic	אותנטי
Century	מאה
Coins	מטבעות
Decades	עשורים
Decorative	דקורטיבי
Elegant	אלגנטי
Furniture	רהיטים
Gallery	גלריה
Investment	השקעה
Jewelry	תכשיטים
Old	ישן
Price	מחיר
Quality	איכות
Restoration	שחזור
Sculpture	פיסול
Style	סגנון
To Sell	למכור
Unusual	יוצא דופן

Archeology
ארכיאולוגיה

Analysis	ניתוח
Antiquity	עתיקה
Bones	עצמות
Civilization	ביצילזציה
Descendant	צאצא
Era	עידן
Evaluation	הערכה
Expert	מומחה
Findings	ממצאים
Fossil	מאובן
Fragments	שברים
Mystery	תעלומה
Objects	אוביייקטים
Professor	פרופסור
Relic	שריד
Researcher	חוקר
Team	צוות
Temple	מקדש
Tomb	קבר
Unknown	לא ידוע

Art Supplies
ציוד אמנות

Acrylic	אקריליק
Brushes	מברשות
Camera	מצלמה
Chair	כיסא
Charcoal	פחם
Clay	חרס
Colors	צבעים
Creativity	יצירתיות
Easel	כן ציור
Eraser	מחק
Glue	דבק
Ideas	רעיונות
Ink	דיו
Oil	שמן
Paper	נייר
Pastels	פסטלים
Pencils	עפרונות
Table	שולחן
Water	מים
Watercolors	צבעי מים

Astronomy
אסטרונומיה

Asteroid	אסטרואיד
Astronaut	אסטרונאוט
Astronomer	אסטרונום
Constellation	קבוצת כוכבים
Cosmos	קוסמוס
Earth	כדור הארץ
Eclipse	ליקוי חמה
Equinox	שוויון
Galaxy	גלקסיה
Meteor	מטאור
Moon	ירח
Nebula	ערפילית
Observatory	המצפה
Planet	כוכב לכת
Radiation	קרינה
Rocket	רקטה
Satellite	לוויין
Sky	רקיע
Supernova	סופרנובה
Zodiac	גלגל המזלות

Ballet
בלט

Artistic	אמנותי
Audience	קהל
Choreography	כוריאוגרפיה
Composer	מלחין
Dancers	רקדנים
Expressive	מביע
Gesture	מחווה
Graceful	חינני
Intensity	עוצמת
Lessons	שיעורים
Muscles	שרירים
Music	מוזיקה
Orchestra	תזמורת
Practice	תרגול
Rehearsal	חזרה
Rhythm	קצב
Skill	מיומנות
Solo	סולו
Style	סגנון
Technique	טכניקה

Barbecues
ברביקיו

Chicken	עוף
Children	ילדים
Dinner	ארוחת ערב
Family	משפחה
Food	מזון
Forks	מזלגות
Friends	חברים
Fruit	פירות
Games	משחקים
Grill	גריל
Hot	חם
Hunger	רעב
Knives	סכינים
Music	מוזיקה
Salads	סלטים
Salt	מלח
Sauce	רוטב
Summer	קיץ
Tomatoes	עגבניות
Vegetables	ירקות

Beach
חוף

Blue	כחול
Boat	סירה
Coast	חוף
Crab	סרטן
Dock	עגן
Island	אי
Lagoon	לגונה
Ocean	אוקיינוס
Reef	שונית
Sailboat	מפרשית
Sand	חול
Sandals	סנדלים
Sea	ים
Shells	פגזים
Sun	שמש
To Swim	לשחות
Towel	מגבת
Umbrella	מטריה
Vacation	חופשה

Beauty
יופי

Charm	קסם
Color	צבע
Cosmetics	קוסמטיקה
Curls	תלתלים
Elegance	אלגנטיות
Elegant	אלגנטי
Fragrance	ניחוח
Lipstick	שפתון
Makeup	איפור
Mascara	מסקרה
Mirror	מראה
Oils	שמנים
Photogenic	פוטוגני
Products	מוצרים
Scent	ריח
Scissors	מספריים
Services	שירותים
Shampoo	שמפו
Skin	עור
Stylist	מעצב

Bees
דבורים

Beneficial	מועיל
Blossom	פריחה
Diversity	גיוון
Flowers	פרחים
Food	מזון
Fruit	פירות
Garden	גן
Hive	כוורת
Honey	דבש
Insect	חרק
Plants	צמחים
Pollen	אבקה
Pollinator	מאביק
Queen	מלכה
Smoke	עשן
Sun	שמש
Swarm	נחיל
Wax	שעווה
Wings	כנפיים

Biology
היגולויב

Anatomy	הימוטנא
Bacteria	םיקדייח
Cell	את
Chromosome	םוזומורכ
Collagen	ןגלוק
Embryo	רבוע
Enzyme	םיזנא
Evolution	היצולובא
Hormone	ןומרוה
Mammal	יקנוי
Mutation	היצטומ
Natural	יעבט
Nerve	בצע
Neuron	ןוריונ
Osmosis	הזומסוא
Photosynthesis	הזתניסוטופ
Protein	ןובלח
Reptile	לחוז
Symbiosis	הזויבמיס
Synapse	הספניס

Birds
םירופיצ

Chicken	ףוע
Crow	ברוע
Cuckoo	הייקוק
Duck	זוורב
Eagle	רשנ
Egg	הציב
Flamingo	וגנימלפ
Goose	זווא
Gull	ףחש
Hawk	ץנ
Heron	הפנא
Ostrich	ןעי
Parrot	יכות
Peacock	סווט
Pelican	יאנקש
Penguin	ןיווגניפ
Sparrow	רורד
Stork	הדיסח
Swan	רוברב
Toucan	ןאקוט

Boats
תוריס

Anchor	ןגוע
Buoy	ףוצמ
Canoe	ונאק
Crew	תווצ
Dock	ןגע
Engine	עונמ
Ferry	תרובעמ
Kayak	קאיק
Lake	םגא
Mast	ןרות
Nautical	ימי
Ocean	סונייקוא
Raft	הדוספר
River	רהנ
Rope	לבח
Sailboat	תישרפמ
Sailor	חלמ
Sea	םי
Tide	תואג
Yacht	הטכאי

Books
םירפס

Adventure	הקתפרה
Author	רבחמ
Collection	ףסוא
Context	רשקה
Duality	תוילאוד
Epic	יפא
Historical	ירוטסיה
Humorous	יטסירומוה
Inventive	האצמה
Literary	תיתורפס
Narrator	ןיירק
Novel	ןמור
Page	ףד
Poem	ריש
Poetry	הריש
Reader	ארוק
Relevant	יטנוולר
Story	רופיס
Tragic	יגרט
Written	בתכנ

Boxing
ףורגא

Bell	ןומעפ
Body	ףוג
Chin	רטנס
Corner	הניפ
Elbow	קפרמ
Exhausted	שתומ
Fighter	םחול
Fist	ףורגא
Focus	דקומ
Gloves	תופפכ
Injuries	תועיצפ
Kick	הטיעב
Opponent	בירי
Points	תודוקנ
Recovery	רוזחש
Referee	טפוש
Ropes	םילבח
Skill	תונמוימ
Strength	חוכ

Buildings
םינינב

Apartment	הריד
Barn	םסא
Cabin	את
Castle	הריט
Cinema	עונלוק
Embassy	תורירגש
Factory	לעפמ
Hospital	םילוח תיב
Hostel	לטסוה
Hotel	ןולמ
Laboratory	הדבעמ
Museum	ןואיזומ
Observatory	הפצמה
School	רפס תיב
Stadium	ןוידטצא
Supermarket	טקרמרפוס
Tent	להוא
Theater	ןורטאית
Tower	לדגמ
University	הטיסרבינוא

Business
עסקים

Budget	ביצקת
Career	קריירה
Company	חברה
Cost	עלות
Currency	מטבע
Discount	הנחה
Economics	כלכלה
Employee	עובד
Employer	מעסיק
Factory	מפעל
Finance	מימון
Income	הכנסה
Investment	השקעה
Manager	מנהל
Merchandise	סחורה
Money	כסף
Office	משרד
Sale	מכירה
Shop	חנות
Taxes	מיסים

Camping
מחנאות

Adventure	הרפתקה
Animals	חיות
Cabin	תא
Canoe	קאנו
Compass	מצפן
Fire	אש
Forest	יער
Fun	כיף
Hammock	ערסל
Hat	כובע
Hunting	ציד
Insect	חרק
Lake	אגם
Map	מפה
Moon	ירח
Mountain	הר
Nature	טבע
Rope	חבל
Tent	אוהל
Trees	עצים

Chemistry
כימיה

Acid	חומצה
Alkaline	אלקליין
Atomic	אטומי
Carbon	פחמן
Catalyst	זרז
Chlorine	כלור
Electron	אלקטרון
Enzyme	אנזים
Gas	גז
Heat	חום
Hydrogen	מימן
Ion	יון
Liquid	נוזל
Molecule	מולקולה
Nuclear	גרעיני
Organic	אורגני
Oxygen	חמצן
Salt	מלח
Temperature	טמפרטורה
Weight	משקל

Chess
שחמט

Black	שחור
Challenges	אתגרים
Champion	אלוף
Contest	תחרות
Diagonal	אלכסון
Game	משחק
King	מלך
Opponent	יריב
Passive	פסיבי
Player	שחקן
Points	נקודות
Queen	מלכה
Rules	כללים
Sacrifice	הקרבה
Strategy	אסטרטגיה
Time	זמן
To Learn	ללמוד
Tournament	טורניר
White	לבן

Chocolate
שוקולד

Antioxidant	נוגד חמצון
Bitter	מריר
Cacao	קקאו
Calories	קלוריות
Candy	ממתק
Caramel	קרמל
Coconut	קוקוס
Craving	השתוקקות
Delicious	טעים
Exotic	אקזוטי
Favorite	אהוב
Ingredient	מרכיב
Peanuts	בוטנים
Powder	אבקה
Quality	איכות
Recipe	מתכון
Sugar	סוכר
Sweet	מתוק
Taste	טעם
To Eat	לאכול

Clothes
בגדים

Apron	סינר
Belt	חגורה
Bracelet	צמיד
Coat	מעיל
Dress	שמלה
Fashion	אופנה
Gloves	כפפות
Hat	כובע
Jeans	ג'ינס
Jewelry	תכשיטים
Necklace	שרשרת
Pajamas	פיג'מה
Pants	מכנסיים
Sandals	סנדלים
Scarf	צעיף
Shirt	חולצה
Shoe	נעל
Skirt	חצאית
Socks	גרביים
Sweater	סוודר

Countries #1
מדינות #1

Brazil	ברזיל
Canada	קנדה
Egypt	מצרים
Finland	פינלנד
Germany	גרמניה
Iraq	עיראק
Israel	ישראל
Italy	איטליה
Latvia	לטביה
Libya	לוב
Morocco	מרוקו
Nicaragua	ניקרגואה
Norway	נורווגיה
Panama	פנמה
Poland	פולין
Romania	רומניה
Senegal	סנגל
Spain	ספרד
Venezuela	ונצואלה
Vietnam	ויאטנם

Countries #2
מדינות #2

Albania	אלבניה
Denmark	דנמרק
Ethiopia	אתיופיה
Greece	יוון
Haiti	האיטי
Jamaica	ג'מייקה
Japan	יפן
Laos	לאוס
Lebanon	לבנון
Liberia	ליבריה
Mexico	מקסיקו
Nepal	נפאל
Nigeria	ניגריה
Pakistan	פקיסטן
Russia	רוסיה
Somalia	סומליה
Sudan	סודן
Syria	סוריה
Uganda	אוגנדה
Ukraine	אוקראינה

Creativity
יצירתיות

Artistic	אמנותי
Authenticity	אותנטיות
Clarity	בהירות
Dramatic	דרמטי
Emotions	רגשות
Expression	ביטוי
Fluidity	נזילות
Ideas	רעיונות
Image	תמונה
Imagination	דמיון
Impression	רושם
Inspiration	השראה
Intensity	עוצמה
Intuition	אינטואיציה
Inventive	המצאה
Sensation	תחושה
Skill	מיומנות
Spontaneous	ספונטני
Visions	חזיונות
Vitality	חיוניות

Days and Months
ימים וחודשים

April	אפריל
August	אוגוסט
Calendar	לוח שנה
February	פברואר
Friday	יום שישי
January	ינואר
July	יולי
March	מרץ
Monday	יום שני
Month	חודש
November	נובמבר
October	אוקטובר
Saturday	יום שבת
September	ספטמבר
Sunday	יום ראשון
Thursday	יום חמישי
Tuesday	יום שלישי
Wednesday	יום רביעי
Week	שבוע
Year	שנה

Diplomacy
דיפלומטיה

Adviser	יועץ
Ambassador	שגריר
Citizens	אזרחים
Community	קהילה
Conflict	התנגשות
Cooperation	שיתוף פעולה
Diplomatic	דיפלומטי
Discussion	דיון
Embassy	שגרירות
Ethics	אתיקה
Foreign	זר
Government	ממשלה
Humanitarian	הומניטרי
Integrity	יושרה
Justice	צדק
Politics	פוליטיקה
Resolution	רזולוציה
Security	ביטחון
Solution	פתרון
Treaty	אמנה

Disease
מחלות

Abdominal	בטן
Allergies	אלרגיות
Bacterial	חיידקי
Body	גוף
Bones	עצמות
Chronic	כרוני
Contagious	מדבק
Genetic	גנטי
Health	בריאות
Heart	לב
Hereditary	תורשתי
Immunity	חסינות
Inflammation	דלקת
Lumbar	מותני
Neuropathy	נוירופתיה
Pathogens	פתוגנים
Respiratory	נשימתי
Syndrome	תסמונת
Therapy	טיפול
Weak	חלש

Driving
הגיהנ

Accident	הנואת
Brakes	םימלב
Car	תינוכמ
Danger	הנכס
Driver	גהנ
Fuel	קלד
Garage	ךסומ
Gas	זג
License	ןוישיר
Map	הפמ
Motor	עונמ
Motorcycle	עונפוא
Pedestrian	לגר יכלוה
Police	הרטשמ
Road	שיבכ
Safety	תוחיטב
Speed	תוריהמ
Traffic	העונת
Truck	תיאשמ
Tunnel	הרהנמ

Electricity
למשח

Battery	הללוס
Cable	לבכ
Electric	ילמשח
Electrician	יאלמשח
Equipment	דויצ
Generator	ללוחמ
Lamp	הרונמ
Laser	רזייל
Magnet	טנגמ
Negative	ילילש
Network	תשר
Objects	םיטקייבוא
Positive	יבויח
Quantity	תומכ
Socket	עקש
Storage	ןוסחא
Telephone	ןופלט
Television	היזיוולט
Wires	םיטוח

Emotions
תושגר

Anger	סעכ
Bliss	רשוא
Boredom	םומעש
Calm	עוגר
Content	ןוכות
Embarrassed	ךובנ
Excited	שגרנ
Fear	דחפ
Grateful	הדות ריסא
Joy	החמש
Kindness	דסח
Love	הבהא
Peace	םולש
Sadness	בצע
Satisfied	הצורמ
Surprise	העתפה
Sympathy	הדהא
Tenderness	ךור
Tranquility	הוולש

Energy
היגרנא

Battery	הללוס
Carbon	ןמחפ
Diesel	לזיד
Electric	ילמשח
Electron	ןורטקלא
Entropy	היפורטנא
Environment	הביבס
Fuel	קלד
Gasoline	ןיזנב
Heat	םוח
Hydrogen	ןמימ
Industry	היישעת
Motor	עונמ
Nuclear	ינירעג
Photon	ןוטופ
Pollution	םוהיז
Renewable	שדחתמ
Steam	רוטיק
Turbine	הניברוט
Wind	חור

Engineering
הסדנה

Angle	תיווז
Axis	ריצ
Calculation	בושיח
Construction	היינב
Depth	קמוע
Diagram	םישרת
Diameter	רטוק
Diesel	לזיד
Distribution	הצפה
Energy	היגרנא
Gears	םיכוליה
Levers	םיפונמ
Liquid	לזונ
Machine	הנוכמ
Measurement	הדידמ
Motor	עונמ
Propulsion	הענה
Stability	תוביצי
Strength	חוכ
Structure	הנבמ

Ethics
הקיתא

Altruism	םזיאורטלא
Benevolent	בידנ
Compassion	הלמח
Cooperation	הלועפ ףותיש
Dignity	דובכ
Diplomatic	יטמולפיד
Honesty	רשוי
Humanity	תושונאה
Integrity	הרשוי
Kindness	דסח
Optimism	תוימיטפוא
Patience	תונלבס
Philosophy	היפוסוליפ
Rationality	תוילנויצר
Realism	תוישעמ
Reasonable	ריבס
Tolerance	תונלבוס
Values	םיכרע
Wisdom	המכוח

Family
חדר משפחתי

Ancestor	אב קדמון
Aunt	דודה
Brother	אח
Child	ילד
Childhood	ילדות
Children	ילדים
Cousin	בן דוד
Daughter	בת
Father	אבא
Grandfather	סבא
Grandson	נכד
Husband	בעל
Maternal	אימהי
Mother	אימא
Nephew	אחיין
Niece	אחיינית
Paternal	אבהי
Sister	אחות
Uncle	דוד
Wife	אשה

Farm #1
משק #1

Agriculture	חקלאות
Bee	דבורה
Bison	ביזון
Calf	עגל
Cat	חתול
Chicken	עוף
Cow	פרה
Crow	עורב
Dog	כלב
Donkey	חמור
Fence	גדר
Fertilizer	דשן
Field	שדה
Goat	עז
Hay	חציר
Honey	דבש
Horse	סוס
Rice	אורז
Seeds	זרעים
Water	מים

Farm #2
משק #2

Animals	חיות
Barley	שעורה
Barn	אסם
Beehive	כוורת
Corn	תירס
Duck	ברווז
Farmer	איכר
Food	מזון
Fruit	פירות
Irrigation	השקיה
Lamb	טלה
Llama	לאמה
Meadow	אחו
Milk	חלב
Sheep	כבשים
To Grow	לגדול
Tractor	טרקטור
Vegetable	ירק
Wheat	חיטה
Windmill	טחנת רוח

Fashion
אופנה

Boutique	בוטיק
Buttons	לחצנים
Comfortable	נוח
Elegant	אלגנטי
Embroidery	רקמה
Expensive	יקר
Fabric	בד
Lace	תחרה
Measurements	מידות
Minimalist	מינימליסטי
Modern	מודרני
Modest	צנוע
Original	מקורי
Pattern	תבנית
Practical	מעשי
Simple	פשוט
Sophisticated	מתוחכם
Style	סגנון
Texture	מרקם
Trend	מגמה

Flowers
פרחים

Bouquet	זר
Clover	תלתן
Daffodil	נרקיס
Daisy	דייזי
Dandelion	שן הארי
Gardenia	גרדניה
Hibiscus	היביסקוס
Jasmine	יסמין
Lavender	לבנדר
Lilac	לילך
Lily	שושן
Magnolia	מגנוליה
Orchid	סחלב
Passionflower	פסיפלורה
Peony	אדמונית
Petal	עלי כותרת
Poppy	פרג
Rose	ורד
Sunflower	חמנית
Tulip	צבעוני

Food #1
מזון #1

Apricot	משמש
Barley	שעורה
Basil	ריחן
Carrot	גזר
Cinnamon	קינמון
Garlic	שום
Juice	מיץ
Lemon	לימון
Milk	חלב
Onion	בצל
Peanut	בוטן
Pear	אגס
Salad	סלט
Salt	מלח
Soup	מרק
Spinach	תרד
Strawberry	תות שדה
Sugar	סוכר
Tuna	טונה
Turnip	לפת

Food #2
מזון #2

Apple	תפוח
Artichoke	ארטישוק
Banana	בננה
Broccoli	ברוקולי
Celery	סלרי
Cheese	גבינה
Cherry	דובדבן
Chicken	עוף
Chocolate	שוקולד
Egg	ביצה
Eggplant	חציל
Fish	דג
Grape	ענב
Ham	חם
Kiwi	קיווי
Mushroom	פטרייה
Rice	אורז
Tomato	עגבנייה
Wheat	חיטה
Yogurt	יוגורט

Force and Gravity
כוח וכוח הכבידה

Axis	ציר
Center	מרכז
Discovery	גילוי
Distance	מרחק
Dynamic	דינמי
Expansion	הרחבה
Friction	חיכוך
Impact	השפעה
Magnetism	מגנטיות
Mechanics	מכניקה
Motion	תנועה
Orbit	מסלול
Physics	פיזיקה
Planets	כוכבי לכת
Pressure	לחץ
Properties	נכסים
Speed	מהירות
Time	זמן
Universal	אוניברסלי
Weight	משקל

Fruit
פירות

Apple	תפוח
Apricot	משמש
Avocado	אבוקדו
Banana	בננה
Berry	ברי
Cherry	דובדבן
Coconut	קוקוס
Fig	תאנה
Grape	ענב
Guava	גויאבה
Kiwi	קיווי
Lemon	לימון
Mango	מנגו
Melon	מלון
Nectarine	נקטרינה
Papaya	פפאיה
Peach	אפרסק
Pear	אגס
Pineapple	אננס
Raspberry	פטל

Garden
גן

Bench	ספסל
Bush	בוש
Fence	גדר
Flower	פרח
Garage	מוסך
Garden	גן
Grass	דשא
Hammock	ערסל
Hose	צינור
Pond	בריכה
Porch	מרפסת
Rake	מגרפה
Rocks	סלעים
Shovel	את חפירה
Soil	אדמה
Terrace	טרסה
Trampoline	טרמפולינה
Tree	עץ
Vine	גפן
Weeds	עשבים שוטים

Geography
גאוגרפיה

Altitude	גובה
Atlas	אטלס
City	עיר
Continent	יבשת
Country	מדינה
Hemisphere	המיספרה
Island	אי
Latitude	קו רוחב
Map	מפה
Meridian	מרידיאן
Mountain	הר
North	צפון
Ocean	אוקיינוס
Region	אזור
River	נהר
Sea	ים
South	דרום
Territory	שטח
West	מערב
World	עולם

Geology
גיאולוגיה

Acid	חומצה
Calcium	סידן
Cavern	מערה
Continent	יבשת
Coral	אלמוג
Crystals	גבישים
Cycles	מחזורים
Earthquake	רעידת אדמה
Erosion	שחיקה
Fossil	מאובן
Geyser	גייזר
Lava	לבה
Layer	שכבה
Minerals	מינרלים
Plateau	רמה
Quartz	קוורץ
Salt	מלח
Stalactite	נטיף
Stone	אבן
Volcano	הר געש

Geometry
הירטמואג

Angle	תיווז
Calculation	בושיח
Circle	לגעמ
Curve	המוקע
Diameter	רטוק
Dimension	דממ
Equation	האושמ
Height	הבוג
Horizontal	יקפוא
Logic	הקיגול
Mass	הסמ
Median	ןויצח
Number	רפסמ
Parallel	ליבקמ
Proportion	היצרופורפ
Segment	עטק
Surface	חטשמ
Symmetry	הירטמיס
Theory	הירואית
Triangle	שלושמ

Global Warming
ץראה רודכ תוממחתה

Arctic	יטקרא
Changes	םייוניש
Climate	םילקא
Crisis	רבשמ
Data	םינותנ
Development	חותיפ
Energy	היגרנא
Environmental	יתביבס
Future	דיתע
Gas	זג
Generations	תורוד
Government	הלשממ
Habitats	לודיג יתב
Industry	היישעת
International	ימואלניב
Legislation	הקיקח
Now	וישכע
Populations	תויסולכוא
Scientist	ןעדמ
Temperatures	תורוטרפמט

Government
הלשממה

Citizenship	תוחרזא
Civil	בידא
Constitution	הקוח
Democracy	היטרקומד
Discussion	ןויד
Dissent	תודגנתה
Equality	ןויווש
Independence	תואמצע
Judicial	יטופיש
Justice	קדצ
Law	קוח
Legal	יטפשמ
Liberty	תוריח
Monument	הטרדנא
Nation	המוא
Peaceful	וילש
Politics	הקיטילופ
Speech	רוביד
State	בצמ
Symbol	למס

Hair Types
רעיש יגוס

Bald	חריק
Black	רוחש
Blond	ינידנולב
Braided	עולק
Braids	תומצ
Brown	םוח
Colored	ינועבצ
Curls	םילתלת
Curly	לתלותמ
Dry	שבי
Gray	רופא
Healthy	אירב
Long	ךורא
Shiny	קירבמ
Short	רצק
Soft	ךר
Thick	הבע
Thin	הזר
Wavy	ילג
White	ןבל

Health and Wellness #1
תואירבו תואירב #1

Active	ליעפ
Bacteria	םיקדייח
Bones	תומצע
Clinic	האפרמ
Doctor	רוטקוד
Fracture	רבש
Habit	לגרה
Height	הבוג
Hormones	םינומרוה
Hunger	בער
Injury	העיצפ
Medicine	האופר
Muscles	םירירש
Nerves	םיבצע
Pharmacy	תחקרמ תיב
Reflex	סקלפר
Relaxation	היפרה
Skin	רוע
Treatment	לופיט
Virus	ףיגנ

Health and Wellness #2
תואירבו תואירב #2

Allergy	היגרלא
Anatomy	הימוטנא
Appetite	ןובאית
Blood	םד
Calorie	הירולק
Dehydration	תושבייתה
Diet	הטאיד
Disease	ילוח
Energy	היגרנא
Genetics	הקיטנג
Healthy	אירב
Hospital	םילוח תיב
Hygiene	הנייגיה
Infection	םוהיז
Massage	יוסיע
Nutrition	הנוזת
Recovery	רוחש
Stress	ץחל
Vitamin	ןימטיו
Weight	לקשמ

Herbalism
צמחי מרפא

Aromatic	ארומטי
Basil	ריחן
Beneficial	מועיל
Culinary	קולינרי
Fennel	שומר
Flavor	טעם
Flower	פרח
Garden	גן
Garlic	שום
Green	ירוק
Ingredient	מרכיב
Lavender	לבנדר
Marjoram	מיורן
Mint	מנטה
Oregano	אורגנו
Parsley	פטרוזיליה
Plant	צמח
Rosemary	רוזמרין
Saffron	זעפרן
Tarragon	טרגון

Hiking
טיולים רגליים

Animals	חיות
Boots	מגפיים
Camping	קמפינג
Cliff	צוק
Climate	אקלים
Guides	מדריכים
Hazards	סכנות
Heavy	כבד
Map	מפה
Mountain	הר
Nature	טבע
Orientation	נטייה
Parks	פארקים
Preparation	הכנה
Stones	אבנים
Summit	פסגה
Sun	שמש
Tired	עייף
Water	מים
Wild	פראי

House
בית

Attic	עליית גג
Broom	מטאטא
Curtains	וילונות
Door	דלת
Fence	גדר
Fireplace	אח
Floor	רצפה
Furniture	ריהוט
Garage	מוסך
Garden	גן
Keys	מפתחות
Kitchen	מטבח
Lamp	מנורה
Library	ספריה
Mirror	מראה
Roof	גג
Room	חדר
Shower	מקלחת
Wall	קיר
Window	חלון

Human Body
גוף האדם

Ankle	קרסול
Blood	דם
Bones	עצמות
Brain	מוח
Chin	סנטר
Ear	אוזן
Elbow	מרפק
Face	פנים
Finger	אצבע
Hand	יד
Head	ראש
Heart	לב
Jaw	לסת
Knee	ברך
Leg	רגל
Mouth	פה
Neck	צוואר
Nose	אף
Shoulder	כתף
Skin	עור

Jazz
ג'אז

Album	אלבום
Artist	אמן
Composer	מלחין
Composition	הרכב
Concert	קונצרט
Drums	תופים
Emphasis	דגש
Famous	מפורסם
Favorites	מועדפים
Genre	ז'אנר
Improvisation	אלתור
Music	מוזיקה
New	חדש
Old	ישן
Orchestra	תזמורת
Rhythm	קצב
Song	שיר
Style	סגנון
Talent	כישרון
Technique	טכניקה

Kitchen
מטבח

Apron	סינר
Bowl	קערה
Chopsticks	מקלות אכילה
Cups	כוסות
Food	מזון
Forks	מזלגות
Freezer	מקפיא
Grill	גריל
Jar	צנצנת
Jug	כד
Kettle	קומקום
Knives	סכינים
Napkin	מפית
Oven	תנור
Recipe	מתכון
Refrigerator	מקרר
Spices	תבלינים
Sponge	ספוג
Spoons	כפיות
To Eat	לאכול

Landscapes
םיפונ

Beach	ףוח
Cave	הרעמ
Cliff	קוצ
Desert	רבדמ
Geyser	רזייג
Hill	העבג
Iceberg	ןוחרק
Island	יא
Lake	םגא
Mountain	רה
Oasis	סיזאוא
Ocean	סונייקוא
Peninsula	יאה יצח
River	רהנ
Sea	םי
Swamp	הציב
Tundra	הרדנוט
Valley	קמע
Volcano	שעג הר
Waterfall	לפמ

Literature
תורפס

Analogy	היגולנא
Analysis	חותינ
Anecdote	הטודקנא
Author	רבחמ
Biography	היפרגויב
Comparison	האושה
Conclusion	םוכיס
Description	רואית
Dialogue	גולאיד
Fiction	ןוידב
Metaphor	הרופטמ
Narrator	ןיירק
Novel	ןמור
Poem	ריש
Poetic	יטאופ
Rhyme	זורח
Rhythm	בצק
Style	ןונגס
Theme	אשונ תכרע
Tragedy	הידגרט

Mammals
םיקנוי

Bear	בוד
Beaver	הנוב
Bull	רוש
Cat	לותח
Coyote	תוברע באז
Dog	בלכ
Dolphin	ןיפלוד
Elephant	ליפ
Fox	לעוש
Giraffe	הפרי'ג
Gorilla	הלירוג
Horse	סוס
Kangaroo	ורוגנק
Lion	הירא
Monkey	ףוק
Rabbit	בנרא
Sheep	םישבכ
Whale	ןתיוול
Wolf	באז
Zebra	הרבז

Math
הקיטמתמ

Angles	תויווז
Arithmetic	ןובשח
Decimal	ינורשע
Degrees	תולעמ
Diameter	רטוק
Equation	האוושמ
Exponent	ךירעמ
Fraction	רבש
Geometry	הירטמואיג
Numbers	םירפסמ
Parallel	ליבקמ
Parallelogram	תיליבקמ
Perimeter	ףקיה
Polygon	עלוצמ
Rectangle	ןבלמ
Square	עובירב
Sum	םוכס
Symmetry	הירטמיס
Triangle	שלושמ
Volume	חפנ

Measurements
תודידמ

Byte	תיב
Centimeter	רטמיטנס
Decimal	ינורשע
Degree	תואר
Depth	קמוע
Gram	םרג
Height	הבוג
Inch	ץניא
Kilogram	םרגוליק
Kilometer	רטמוליק
Length	ךרוא
Liter	רטיל
Mass	הסמ
Meter	רטמ
Minute	הקד
Ounce	תייקנוא
Ton	ןוט
Volume	חפנ
Weight	לקשמ
Width	בחור

Meditation
היצטידמ

Acceptance	הלבק
Awake	רע
Calm	עוגר
Clarity	תוריהב
Compassion	הלמח
Emotions	תושגר
Gratitude	הדות תרכה
Habits	םילגרה
Happiness	רשוא
Kindness	דסח
Mental	ישפנ
Mind	חומ
Movement	העונת
Music	הקיזומ
Nature	עבט
Peace	םולש
Perspective	הביטקפסרפ
Silence	הקיתש
Thoughts	תובשחמ
To Learn	דומלל

Music
הקיסומ

Album	םובלא
Ballad	הדלב
Chorus	הלהקמ
Classical	י.סא.לק
Eclectic	יטקלקא
Harmonic	ינומרה
Harmony	הינומרה
Lyrical	יריל
Melody	הניגנמ
Microphone	ןופורקימ
Musical	רמזחמ
Musician	יאקיזומ
Opera	הרפוא
Poetic	יטאופ
Recording	הטלקה
Rhythm	בצק
Rhythmic	יבצק
Sing	רש
Singer	רמז
Vocal	ילוק

Musical Instruments
הניגנ ילכ

Banjo	ו'גנב
Bassoon	ןוסב
Cello	ול'צ
Clarinet	טנירלק
Drum	ףות
Drumsticks	ףופית תולקמ
Flute	לילח
Gong	גנוג
Guitar	הרטיג
Harmonica	תיחופמ
Harp	לבנ
Mandolin	הנילודנמ
Marimba	הבמירמ
Oboe	בובא
Piano	רתנספ
Saxophone	ןופוסקס
Tambourine	םירמ ףות
Trombone	ןובמורט
Trumpet	הרצוצח
Violin	רוניכ

Mythology
היגולותימ

Archetype	סופיטבא
Behavior	תוגהנתה
Beliefs	תונומא
Creation	הריצי
Creature	רוצי
Culture	תוברת
Deities	םילא
Disaster	ןוסא
Hero	רוביג
Immortality	ח.צ.נ
Jealousy	האנק
Labyrinth	ךובמ
Legend	הדגא
Lightning	קרב
Monster	תצלפמ
Mortal	התומת ןב
Revenge	המקנ
Strength	חוכ
Thunder	םער
Warrior	םחול

Nature
עבט

Animals	תויח
Arctic	יטקרא
Beauty	יפוי
Bees	םירובד
Cliffs	םיקוצ
Clouds	םיננע
Desert	רבדמ
Dynamic	ימניד
Erosion	הקיחש
Fog	לפרע
Foliage	םי.ל.ע
Forest	רעי
Glacier	ןוחרק
Peaceful	וילש
River	רהנ
Sanctuary	טלקמ
Serene	הוולש
Tropical	יפורט
Vital	ינויח
Wild	יארפ

Numbers
םירפסמ

Decimal	ינורשע
Eight	הנומש
Eighteen	רשע הנומש
Fifteen	רשע השימח
Five	שמח
Four	עברא
Fourteen	רשע העברא
Nine	עשת
Nineteen	הרשע עשת
One	דחא
Seven	עבש
Seventeen	הרשע עבש
Six	שש
Sixteen	הרשע שש
Ten	רשע
Thirteen	הרשע שולש
Three	שולש
Twelve	רשע םינש
Twenty	םירשע
Two	םייתש

Nutrition
הנוזת

Appetite	ןובאית
Balanced	ןזואמ
Bitter	רירמ
Calories	תוירולק
Carbohydrates	תומימחפ
Diet	הטאיד
Digestion	לוכיע
Edible	ליכא
Fermentation	הסיסת
Flavor	םעט
Habits	םילגרה
Health	תואירב
Healthy	איրב
Nutrient	ןיזמ
Proteins	םינובלח
Quality	תוכיא
Sauce	בטור
Toxin	ןלער
Vitamin	ןימטיו
Weight	לקשמ

Ocean

סונייקוא

Algae	תוצא
Coral	גומלא
Crab	ןטרס
Dolphin	ןיפלוד
Eel	חפולצ
Fish	גד
Jellyfish	הזודמ
Octopus	ןונמת
Oyster	הפדצ
Reef	תינוש
Salt	חלמ
Shark	שירכ
Shrimp	ספמירש
Sponge	גופס
Storm	הרעס
Tides	לפשו תואג
Tuna	הנוט
Turtle	בצ
Waves	םילג
Whale	ןתיוול

Physics

הקיזיפ

Acceleration	הצואת
Atom	םוטא
Chaos	סואכ
Chemical	ימיכ
Density	תופיפצ
Electron	ןורטקלא
Engine	עונמ
Expansion	הבחרה
Formula	החסונ
Frequency	תורידת
Gas	זג
Magnetism	תויטנגמ
Mass	הסמ
Mechanics	הקינכמ
Molecule	הלוקלומ
Nuclear	יניערג
Particle	קיקלח
Relativity	תוסחי
Universal	ילסרבינוא
Velocity	תוריהמ

Plants

םיחמצ

Bamboo	קובמב
Bean	תיעועש
Berry	ירב
Blossom	החירפ
Botany	הקינטוב
Bush	שוב
Cactus	סוטקק
Fertilizer	ןשד
Flower	חרפ
Foliage	םי.ל.ע
Forest	רעי
Garden	ןג
Grass	אשד
Grow	לודגל
Ivy	סוסיק
Moss	בחט
Petal	תרתוכ ילע
Root	שרוש
Tree	ץע
Vegetation	הייחמצ

Professions #1

תועוצקמ #1

Ambassador	רירגש
Astronomer	םונורטסא
Attorney	ןיד ךרוע
Banker	יאקנב
Cartographer	ףרגוטרק
Coach	ןמאמ
Dancer	ןדקר
Doctor	רוטקוד
Editor	ךרוע
Geologist	גולואיג
Hunter	דייצ
Jeweler	ןטישכת
Musician	יאקיזומ
Nurse	תוחא
Pianist	ןרתנספ
Plumber	ברברש
Psychologist	גולוכיספ
Sailor	חלמ
Tailor	טייח
Veterinarian	רנירטו

Professions #2

תועוצקמ #2

Astronaut	טואנורטסא
Biologist	גולויב
Dentist	םייניש אפור
Detective	שלב
Engineer	סדנהמ
Farmer	רכיא
Gardener	ןנג
Illustrator	רייאמ
Inventor	איצממ
Journalist	יאנותיע
Librarian	תינרפס
Linguist	ןשלב
Painter	רייצ
Philosopher	ףוסוליפ
Photographer	םלצ
Physician	אפור
Pilot	סייט
Surgeon	חתנמ
Teacher	הרומ
Zoologist	גולואוז

Psychology

היגולוכיספ

Assessment	הכרעה
Behavior	תוגהנתה
Childhood	תודלי
Clinical	ינילק
Cognition	היצינגוק
Conflict	תושגנתה
Dreams	תומולח
Ego	וגא
Emotions	תושגר
Experiences	תויווח
Ideas	תונויער
Influences	תועפשה
Perception	הסיפת
Personality	תוישיא
Problem	היעב
Reality	תואיצמ
Sensation	השוחת
Therapy	לופיט
Thoughts	תובשחמ
Unconscious	עדומ אל

Rainforest
משג תורעי

Amphibians	םייח-וד
Birds	םירופיצ
Botanical	ינטוב
Climate	םילקא
Clouds	םיננע
Community	הליהק
Diversity	ןוויג
Indigenous	דילי
Insects	םיקרח
Jungle	לגנו'ג
Mammals	םיקנוי
Moss	בחט
Nature	עבט
Preservation	רומיש
Refuge	טלקמ
Respect	דובכ
Restoration	רוזחש
Species	םינימ
Survival	תודרשיה
Valuable	רקי

Restaurant #1
הדעסמ #1

Allergy	היגרלא
Bowl	הרעק
Bread	םחל
Cashier	תיאפוק
Chicken	ףוע
Coffee	הפק
Dessert	חוניק
Food	ןוזמ
Ingredients	םיביכרמ
Kitchen	חבטמ
Knife	ןיכס
Meat	רשב
Menu	טירפת
Napkin	תיפמ
Plate	תחלצ
Reservation	הנמזה
Sauce	בטור
Spicy	ףירח
To Eat	לוכאל
Waitress	תירצלמ

Restaurant #2
הדעסמ #2

Appetizer	ןבאתמ
Cake	הגוע
Chair	אסיכ
Delicious	םיעט
Dinner	ברע תחורא
Eggs	םיציב
Fish	גד
Fork	גלזמ
Fruit	תוריפ
Ice	חרק
Lunch	םיירהצ תחורא
Noodles	תוירטא
Salad	טלס
Salt	חלמ
Soup	קרמ
Spices	םינילבת
Spoon	ףכ
Vegetables	תוקרי
Waiter	רצלמ
Water	םימ

Science Fiction
ינוידב עדמ

Atomic	ימוטא
Books	םירפס
Chemicals	םילקימיכ
Cinema	עונלוק
Dystopia	היפוטסיד
Explosion	ץוציפ
Extreme	ינוציק
Fantastic	יטסטנפ
Fire	שא
Futuristic	ינדיתע
Galaxy	היסקלג
Illusion	הילשא
Imaginary	ינוימד
Mysterious	ירותסמ
Oracle	לקרוא
Planet	תכל בכוכ
Robots	םיטובור
Technology	היגולונכט
Utopia	היפוטוא
World	םלוע

Scientific Disciplines
תויעדמ תונילפיצסיד

Anatomy	הימוטנא
Archaeology	היגולואכרא
Astronomy	הימונורטסא
Biochemistry	הימיכויב
Biology	היגולויב
Botany	הקינטוב
Chemistry	הימיכ
Ecology	היגולוקא
Geology	היגולואיג
Immunology	היגולונומיא
Kinesiology	היגולויסניק
Linguistics	תונשלב
Mechanics	הקינכמ
Mineralogy	היגולרנימ
Neurology	היגולוריונ
Physiology	היגולויזיפ
Psychology	היגולוכיספ
Sociology	היגולויצוס
Thermodynamics	הקימנידומרת
Zoology	היגולואוז

Spices
םינילבת

Anise	סינא
Bitter	רירמ
Cardamom	לה
Cinnamon	ןומניק
Clove	ןרופיצ
Coriander	הרבסוכ
Cumin	ןומכ
Curry	יראק
Fennel	רמוש
Flavor	םעט
Garlic	םוש
Ginger	ר'גני'ג
Licorice	שוש
Nutmeg	טקסומ
Onion	לצב
Paprika	הקירפפ
Saffron	ןרפעז
Salt	חלמ
Sweet	קותמ
Vanilla	ןינו

Sport
ספורט

Ability	יכולת
Athlete	ספורטאי
Body	גוף
Bones	עצמות
Cardiovascular	לב וכלי דם
Coach	מאמן
Dancing	ריקוד
Diet	דיאטה
Endurance	סיבולת
Goal	מטרה
Health	בריאות
Jogging	ריצה
Maximize	למקסם
Metabolic	מטבולי
Muscles	שרירים
Nutrition	תזונה
Program	תכנית
Sports	ספורט
Strength	כוח
To Swim	לשחות

The Company
החברה

Business	עסקים
Creative	יצירתי
Decision	החלטה
Employment	תעסוקה
Industry	תעשייה
Innovative	חדשני
Investment	השקעה
Possibility	אפשרות
Presentation	מצגת
Product	מוצר
Professional	מקצועי
Progress	התקדמות
Quality	איכות
Reputation	מוניטין
Resources	משאבים
Revenue	הכנסות
Risks	סיכונים
Trends	מגמות
Units	יחידות
Wages	שכר

The Media
התקשורת

Advertisements	פרסומות
Attitudes	עמדות
Commercial	מסחרי
Communication	תקשורת
Digital	דיגיטלי
Edition	מהדורה
Education	חינוך
Facts	עובדות
Funding	מימון
Images	תמונות
Industry	תעשייה
Intellectual	אינטלקטואלי
Local	מקומי
Magazines	מגזינים
Network	רשת
Newspapers	עיתונים
Online	מקוון
Opinion	דעה
Public	ציבור
Radio	רדיו

Time
זמן

Annual	שנתי
Before	לפני
Calendar	לוח שנה
Century	מאה
Clock	שעון
Day	יום
Decade	עשור
Early	מוקדם
Future	עתיד
Hour	שעה
Minute	דקה
Month	חודש
Morning	בוקר
Night	לילה
Noon	צהריים
Now	עכשיו
Soon	בקרוב
Today	היום
Week	שבוע
Year	שנה

Town
העיר

Airport	שדה תעופה
Bakery	מאפייה
Bank	בנק
Bookstore	חנות ספרים
Cinema	קולנוע
Clinic	מרפאה
Florist	פרחים
Gallery	גלריה
Hotel	מלון
Library	ספריה
Market	שוק
Museum	מוזיאון
Pharmacy	בית מרקחת
School	בית ספר
Stadium	אצטדיון
Store	חנות
Supermarket	סופרמרקט
Theater	תיאטרון
University	אוניברסיטה
Zoo	גן חיות

Universe
יקום

Asteroid	אסטרואיד
Astronomer	אסטרונום
Astronomy	אסטרונומיה
Atmosphere	אווירה
Celestial	שמימי
Cosmic	קוסמי
Darkness	חושך
Eon	נצח
Galaxy	גלקסיה
Hemisphere	המיספרה
Horizon	אופק
Latitude	קו רוחב
Moon	ירח
Orbit	מסלול
Sky	רקיע
Solar	שמש
Solstice	היפוך
Telescope	טלסקופ
Visible	גלוי
Zodiac	גלגל המזלות

Vacation #2
שפונ #2

Airport	הפועת הדש
Beach	ףוח
Camping	גניפמק
Destination	דעי
Foreigner	רז
Holiday	גח
Hotel	ןולמ
Island	יא
Journey	עסמ
Leisure	יאנפ
Map	הפמ
Mountains	םירה
Passport	ןוכרד
Restaurant	הדעסמ
Sea	םי
Taxi	תינומ
Tent	להוא
Train	תבכר
Transportation	הרובחת
Visa	הזיו

Vegetables
תוקרי

Artichoke	קושיטרא
Broccoli	ילוקורב
Carrot	רזג
Cauliflower	תיבורכ
Celery	ירלס
Cucumber	ןופפלמ
Eggplant	ליצח
Garlic	םוש
Ginger	ר'גני'ג
Mushroom	הייירטפ
Onion	לצב
Parsley	הילוזורטפ
Pea	הנופא
Pumpkin	תעלד
Radish	ןונצ
Salad	טלס
Shallot	תולאש
Spinach	דרת
Tomato	הינבגע
Turnip	תפל

Vehicles
בכר ילכ

Airplane	סוטמ
Ambulance	סנלובמא
Bicycle	םיינפוא
Boat	הריס
Bus	סובוטוא
Car	תינוכמ
Caravan	ןוורק
Ferry	תרובעמ
Helicopter	קוסמ
Motor	עונמ
Raft	הדוספר
Rocket	הטקר
Scooter	עונטק
Shuttle	תעסה
Submarine	תללוצ
Subway	תיתחת תבכר
Taxi	תינומ
Tires	םיגימצ
Tractor	רוטקרט
Truck	תיאשמ

Weather
ריווא גזמ

Atmosphere	הריווא
Breeze	ח·ו·ר
Climate	םילקא
Cloud	ןנע
Drought	תרוצב
Dry	שבי
Fog	לפרע
Hurricane	ןקירוה
Ice	חרק
Lightning	קרב
Monsoon	ןוסנומ
Polar	בטוקה
Rainbow	תשק
Sky	עיקר
Storm	הרעס
Temperature	הרוטרפמט
Thunder	םער
Tornado	ודנרוט
Tropical	יפורט
Wind	חור

Congratulations

You made it!

We hope you enjoyed this book as much as we enjoyed making it. We do our best to make high quality games.
These puzzles are designed in a clever way for you to learn actively while having fun!

Did you love them?

A Simple Request

Our books exist thanks your reviews. Could you help us by leaving one now?

Here is a short link which will take you to your order review page:

BestBooksActivity.com/Review50

MONSTER CHALLENGE!

Challenge #1

Ready for Your Bonus Game? We use them all the time but they are not so easy to find. Here are **Synonyms**!

Note 5 words you discovered in each of the Puzzles noted below (#21, #36, #76) and try to find 2 synonyms for each word.

Note 5 Words from *Puzzle 21*

Words	Synonym 1	Synonym 2

Note 5 Words from *Puzzle 36*

Words	Synonym 1	Synonym 2

Note 5 Words from *Puzzle 76*

Words	Synonym 1	Synonym 2

Challenge #2

Now that you are warmed-up, note 5 words you discovered in each Puzzle noted below (#9, #17, #25) and try to find 2 antonyms for each word. How many lines can you do in 20 minutes?

Note 5 Words from **Puzzle 9**

Words	Antonym 1	Antonym 2

Note 5 Words from **Puzzle 17**

Words	Antonym 1	Antonym 2

Note 5 Words from **Puzzle 25**

Words	Antonym 1	Antonym 2

Challenge #3

Wonderful, this monster challenge is nothing to you!

Ready for the last one? Choose your 10 favorite words discovered in any of the Puzzles and note them below.

1.	6.
2.	7.
3.	8.
4.	9.
5.	10.

Now, using these words and within a maximum of six sentences, your challenge is to compose a text about a person, animal or place that you love!

Tip: You can use the last blank page of this book as a draft!

Your Writing:

Explore a Unique Store
Set Up **FOR YOU!**

MEGA DEALS

BestActivityBooks.com/**TheStore**

Designed for Entertainment!

Light Up Your Brain With Unique **Gift Ideas**.

Access **Surprising** And **Essential Supplies!**

CHECK OUT OUR MONTHLY SELECTION NOW!

- Expertly Crafted Products -

NOTEBOOK:

SEE YOU SOON!

Linguas Classics Team

ENJOY FREE GAMES

NOW ON

↓

BESTACTIVITYBOOKS.COM/FREEGAMES